HAI-TIE LIANYUN SHUNIU ZHANCHANG
GONGNENG BUJU JI SHEBEI PEIZHI
JIANSHE ZHINAN

海铁联运枢纽站场功能布局及设备配置建设指南

交通运输部规划研究院 编著

人民交通出版社股份有限公司
北京

内 容 提 要

本书主要介绍了海铁联运枢纽站场的建设规模、主要功能、布局优化方法、港口与铁路衔接组织方案、相关设施设备的配置要求等内容。

本书适合海铁联运枢纽站场规划、管理、建设和作业等相关从业人员阅读，同时可供相关专业技术人员培训学习使用。

图书在版编目(CIP)数据

海铁联运枢纽站场功能布局及设备配置建设指南/交通运输部规划研究院编著.—北京：人民交通出版社股份有限公司，2021.4

ISBN 978-7-114-17068-3

Ⅰ.①海… Ⅱ.①交… Ⅲ.①水陆联运—枢纽站—指南 Ⅳ.①U115-62

中国版本图书馆 CIP 数据核字(2021)第 021402 号

书　　名：**海铁联运枢纽站场功能布局及设备配置建设指南**
著 作 者：交通运输部规划研究院
责任编辑：刘　博
责任校对：席少楠
责任印制：张　凯
出版发行：人民交通出版社股份有限公司
地　　址：(100011) 北京市朝阳区安定门外外馆斜街 3 号
网　　址：http://www.ccpcl.com.cn
销售电话：(010) 59757973
总 经 销：人民交通出版社股份有限公司发行部
经　　销：各地新华书店
印　　刷：北京虎彩文化传播有限公司
开　　本：720×960　1/16
印　　张：11
字　　数：167 千
版　　次：2021 年 4 月　第 1 版
印　　次：2021 年 4 月　第 1 次印刷
书　　号：ISBN 978-7-114-17068-3
定　　价：80.00 元

《海铁联运枢纽站场功能布局及设备配置建设指南》

编 委 会

主　　编： 魏永存　李　弢

副 主 编： 沈孟如　甘家华

编写人员： 刘勇凤　李云汉　陈波莅　杨丁丁　刘佳昆
杜江涛　刘晓彤　李鹏林　耿彦斌　奉　鸣
王　伟　于永顺　马　榕　李继学　田时沫
杨雪峰　牛成水　王政斌　刘洪江　庄　持
李宝玉　张文一　张　振　陈奕洁　庞笑然
胡路鑫　姚　阳　彭亦婷　彭　琪

前言

多式联运是依托两种及以上运输方式的有效衔接，提供全程一体化组织的货物运输服务系统，具有产业链条长、资源利用率高、绿色低碳、效益好等特点。发展多式联运对深化交通运输供给侧结构性改革、促进物流业降本增效、延伸绿色发展路径、提升国民经济竞争力等具有重大现实意义。党中央、国务院高度重视多式联运工作，《中共中央关于全面深化改革若干重大问题的决定》《国民经济和社会发展第十三个五年规划纲要》《物流业发展中长期规划（2014—2020年）》等均对加快多式联运发展提出了明确要求。2016 年，交通运输部等 18 个部门联合印发《关于进一步鼓励开展多式联运工作的通知》，这成为我国首个专门部署多式联运发展的纲领性文件。交通运输部明确提出要把大力发展多式联运作为提升综合运输服务水平的“牛鼻子”、促进现代物流高效运作的“突破口”，并列为交通运输“十三五”规划中优先抓、重点抓的工作事项。2019 年 9 月中共中央、国务院印发了《交通强国建设纲要》，进一步提出打造绿色高效的现代物流系统，推动铁水、公水、空陆等联运发展，推广跨方式快速换装转运标准化设施设备等重点任务。

“十三五”以来，随着“三大战略”的深入实施和物流大通道的不断完善，近年沿海和内陆地区通过积极发展国际国内多式联运，有力促进了产业和区域的联动发展，支撑了新的经济增长极，为推动交通强国建设、服务对外开放大局和经济社会发展发挥了重要作用。其中，最具代表性的是集装箱铁水（海铁）联运和中欧（亚）国际班列的快速发展。铁水（海铁）联运成为港口发展重要增长点，2019 年全国港口完成集装箱铁水（海铁）联运量超过 500 万标准集装箱（TEU），近 5 年年均增长约 30%。但同时与发达国家相比仍在不少差距，从港口集装箱海铁联运量占比看，发达国家通常在 30% ~40%，而目前我国仅为 2%，即使海铁联运量占比最高的营口港也只有17%左右。集约布局、功能协同的枢纽站场及标准、专业的转运设备是实现多式联运高效运作的重要基础条件，也是欧美发达国家推进多式联运发展的一条重要经验。经过多年发展，我国海铁联运通道网络和结构不断优化，联运枢纽站场布局建设加快推进，装备技术水平不断提升。但与经济社会发展需求和物流业网络化运营、一体化运作、高效化服务内在要求相比，仍存在海铁联运枢纽站场集约化布局不优，集疏运体系不完善，邻而不接、连而不畅，服务水平不高，联运装备配备标准化、专业化程度低，新型装备推广应用不足等问题。为加快破解这些问题，推进多式联运更高质量发展，本书立足现代物流体系发展视角，充分学习国内外海铁联运发展的先进经验和典型做法，科学把握未来多式联运尤其是海铁联运发展面临的新形势、新要求，重点研究海铁联运枢纽站场设施布局优化技术和海铁联运站场装卸中转设备配置方法，为行业科学化发展贡献力量。

聚焦海铁联运枢纽站场设施规模小、功能单一、布局不科学，快速中转转运设备落后，港口集疏运铁路缺失或者衔接不畅，园区内部集约化作业功能区以及快速中转作业流程设计有待进一步优化等问题，本书分析和总结国内外海铁联运枢纽站场规模、功能、设施设备的发展现状和站场标准规范的技术内容与应用情况，以及跨境海铁联运枢纽站场的适应性和存在的主要问题，以功能需求为主导，按照联运作业无缝衔接的内在要求，提出海铁联运枢纽站场的建设规模、主要功能、布局优化方法、港口与铁路交通衔接及组织方案，并根据海铁联运作业组织模式的不同装卸中转需求，分别阐述所需装卸中转设备的种类和技术特点，提出与站场功能、设计能力相配套的装卸设备参数及数量计算方法。

全书共有9章，包括：概述、国际海铁联运发展现状、国内海铁联运发展现状、我国海铁联运发展面临的形势要求、海铁联运站场需求分析及功能设计、海铁联运站场作业流程分析、海铁联运站场设施布局优化、海铁联运站场装卸设备配置及仓储与辅助设施设计参数、对策建议。

本书涉及的内容和本书的出版由国家重点研发计划项目（2016YFE0204800）、山东省重大科技创新工程项目（2019JZZY020715）和交通运输部综合交通运输大数据技术交通运输行业重点实验室资助，在此深表感谢。

本书撰稿过程中，参考了大量的文献，在此谨向相关文献的作者表示衷心的感谢！辽宁、山东、江苏等省交通运输厅与大连、营口、潍坊、青岛、连云港等市交通运输局及北京交通大学、交通运输部水运科学研究院、交通运输部科学研究院、交通运输部天津水运工程科学研究所等为本书的编写提供了大量素材和有益建议，同时作者多次到相关企业进行调研，综合了众多行业技术人员和领域专家的意见。在此向相关管理部门、企业和专家致以衷心的感谢！

由于作者水平及时间有限，加上海铁联运产业发展迅速，相关技术和管理理念不断更新，书中难免有疏漏和不足之处，敬请广大读者批评指正。

编著者

2020 年 12 月

目录

第一章 概　述

本书将以海铁联运的运营组织、发展需求分析为基础，介绍海铁联运站场的建设规模、功能设计、布局优化、交通组织、设施设备配置等内容，以功能需求为主导，以多式联运无缝衔接需求为驱动，推动港口泊位与联运站场、铁路站台、装卸设备及海关检验检疫等多主体、多业务、多场景一体化，以实现海铁运输高效衔接，达到货物快速转运的目标。

第一节 海铁联运

一、概念

海铁联运是指通过将海路和铁路等运输方式有效衔接，提供一体化运输组织服务的运输方式，具有运能大、成本低、安全性高和低碳环保等独特优势。目前，全球海铁联运主要以集装箱海铁联运的形式展开，因此，本书主要介绍集装箱海铁联运相关内容。集装箱海铁联运是指以集装箱为运输主体，通过铁路、海路相互衔接的运输方式把货物运送到指定目的地的一种物流模式。承运人通过一张承运单完成托运、计费、保险等业务，将集装箱货物按照托运人的要求运输到指定目的地。集装箱海铁联运基本流程如图 1-1 所示。

二、内涵

海铁联运有两层含义。第一层含义是指海运和铁运两种运输方式的无缝衔接，进行沿海港口和内陆之间的集疏运；第二层含义是指有联运经营人对运输全程负责，简化交接环节。即海铁联运既要依靠设施设备的无缝对接，也离不开高效率的运输管理，两者不可偏废。相对于公路运输，铁路运输具有降低运输成本、减少石油消耗、减少污染气体排放、缓解港口城市交通拥堵等优势，其经济效益和社会效益兼备。

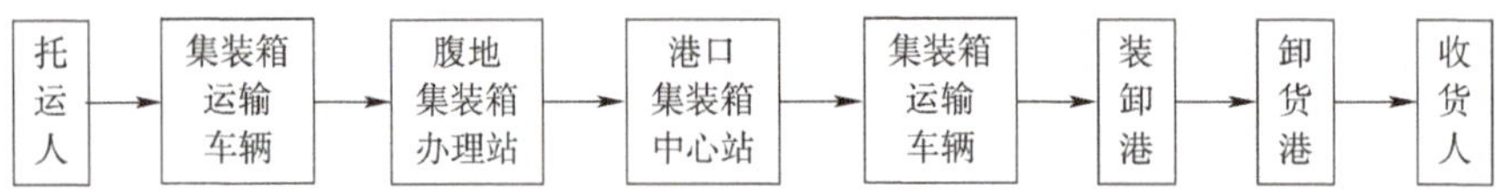

图 1-1　集装箱海铁联运基本流程

海铁联运既是港航业本身高效化、科学化发展的一个趋势，也是其发展的内在规律性要求。欧美发达国家之所以大力发展集装箱海铁联运这种运输方式，是因为海洋运输和铁路运输都具有运输成本低、运量大且衔接便利等优点。与公路运输相比，当运距为 400 ~ 500km 时，铁路运输的优势并不明显，但当运距超过 600km 时，铁路运输则表现出较大优势。此外，与公路运输相比，铁路运输速度更快，安全性更高，平均每趟班列可以运输上百个集装箱，从而大大提升运输效率。

三、特征

海铁联运的本质是跨运输方式无缝衔接、便捷换装、快速转运，提供全程“门到门”经济高效的货物运输服务。

海铁联运的基本特征可概括为 4 个“跨”和 6 个“一”，即：跨方式（涉及两种及以上运输方式）、跨部门（涉及交通运输、发展改革、工业和信息化、商务、海关、检验检疫、口岸等行业部门）、跨区域（涉及跨区域长途货运）、跨边境（涉及国际多式联运）；一次托运（一个多式联运经营人）、一单到底（一份多式联运单证）、一种费率、一次保险、一个标准化运载工具、一体化全程运输组织。

第二节 海铁联运枢纽

一、内涵

交通枢纽是交通网络的重要组成部分，也是客、货、车流的重要集散中心。本书中的海铁联运枢纽是指综合运输网络上的重要节点，是铁路、水运等多种运输方式集中布局的区域，通常以项目包或者项目集合的形式出现，可以是一个或多个经营主体，能够通过设施衔接、业务协同、信息共享等方式实现货物在铁路、水运等运输方式间的便捷转换和高效组织。

二、特征

海铁联运枢纽的主要特征如下。

一是网络性。海铁联运枢纽处在一定范围的综合运输网络上，是网络上的重要节点，通过网络衔接，发挥由“点”到“线”到“面”的作用，离开运输网络便不能称其为枢纽。

二是综合性。海铁联运枢纽是多种运输方式集中布局的区域，由各类站场设施、集疏运通道、信息技术及装备、市场主体以及口岸等配套设施、相关产业等共同构成的一个特定的“生态圈”，各类要素在其中相互影响、相互作用，形成内部循环。

三是功能性。基于网络性和综合性，海铁联运枢纽对货物高效组织、快速集散的作用才得以发挥，从而进一步在“点”上优化区域布局、在“线”上承载物流通道功能和要求、在“面”上强力辐射周边区域，有力支撑国家区域发展战略的实施，推动区域经济发展。

海铁联运枢纽根据布局形态的不同可以分为集中式和组合式两类。集中式布局指主导运输方式作业场地与其他功能区毗邻、集中建设，换装距离短，物理衔接较为紧密；组合式布局指主导运输方式作业场地与其他功能区分开建设，通过通道衔接，实现业务协同。

第三节 本书重点内容

针对站场设施规模小、功能单一、布局不科学，快速中转转运设备落后，港口集疏运铁路缺失或者衔接不畅，园区内部集约化作业功能区以及快速中转作业流程设计有待进一步优化等问题，结合海铁联运运营组织内在要求和未来发展需求，本书提出海铁联运站场的建设规模、主要功能、布局优化方法、港口与铁路衔接及组织方案、相关设施设备的配置要求等，以功能需求为主导，按照联运作业无缝衔接的内在要求，推动港口与铁路站台、装卸设备以及海关、检验检疫等一体化，实现运输方式的高效衔接与货物的快速转运。

1. 厘清国内外海铁联运站场发展现状

本书分析和总结了国内外海铁联运站场的发展现状，包括站场规模、站场功能、设施设备等，并对国内外站场标准规范的技术内容与应用情况进行分析，同时结合跨境海铁联运发展的趋势分析及运输站场现状情况，分析海铁联运站场的适应性和存在的主要问题。

2. 提出海铁联运站场设施布局优化技术方案

本书以功能需求为主导，按照联运作业无缝衔接的内在要求，提出海铁联运站场的建设规模、主要功能、布局优化方法、港口与铁路衔接组织方案，推动港口与铁路、装卸设备以及海关、检验检疫等一体化，实现货物的快速转运与高效衔接。

3. 优化海铁联运站场装卸中转设备配置

提高装卸中转效率是发挥海铁联运作业优势的重要环节。装卸中转设施设备的选取、数量配置的优化等是提高装卸中转效率的关键技术。本书根据海铁联运作业组织模式的不同装卸中转需求，提出所需的装卸中转设备种类和技术特点，以及与站场功能、设计能力相配套的装卸设备参数、数量计算方法。

本书提出的技术路线如图 1-2 所示。

项目背景
海铁联运优势
政府指明方向
场站设施布局
现状调研
国外现状
业务概况
联运站场
国内现状
发展背景
发展现状
存在问题
发展趋势
关键技术
场站设施布局优化
优化原则
功能布局
作业流程
优化方法
装卸中转设备配置优化
影响因素
配置原则
配置方法
对策建议
国家战略
政府引导
标准体系
完善基础
互联互通

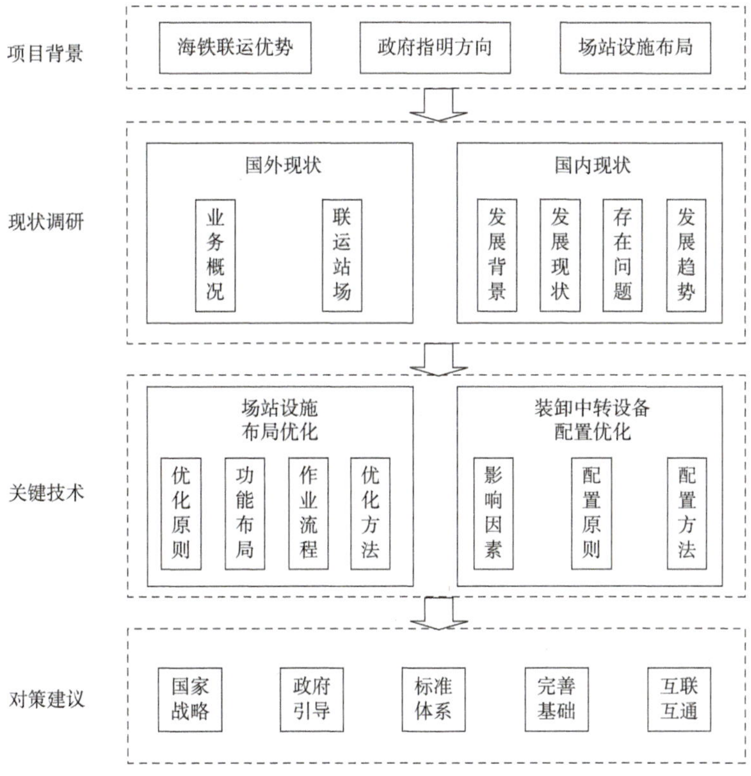

图 1-2　技术路线图

第二章

国际海铁联运发展现状

集装箱海铁联运凭借其运能大、运输成本低、运输安全性高和污染排放少等独特优势，成为世界各国优先发展的运输方式。据统计，欧美国家主要港口集装箱海铁联运量所占比例为 10% ~30%，其中：纽约—新泽西港约为 10%，洛杉矶—长滩港为近 30%，汉堡港为 17% ~20%，鹿特丹港为 7% ~8%，安特卫普港为 15%左右。从欧美发达国家的实践情况来看，海铁联运既是港航业本身高效化、科学化发展的一个趋势，也是其自身发展的内在规律性要求。

第一节 美国

一、海铁联运发展基本情况

2015 年，美国海铁联运占全部多式联运运量的比例为 13%，相应周转量占比为 14%。美国东西海岸港口拥有广阔的内陆腹地，并且东西部经济发展比较均衡，为集装箱的海铁联运创造了有利条件，集装箱多式联运主要分布于东西海岸港口之间。西部主要是美国西岸两个最大的外贸港口——洛杉矶港和长滩港（统称为洛杉矶—长滩港），这也是美国最大的港口。东部主要是芝加哥以及纽约—新泽西港。

其中，美国尤其重视多式联运集装箱转换站场（Intermodal Container Transfer Facility，ICTF）的建设。作为海运与公路运输、海运与铁路运输，以及铁路与公路运输之间运输方式转换的重要场所，ICTF 多数紧邻港区，如巴尔的摩港站场离码头仅1000ft（注：1ft约合0.305m），总面积84英亩（约合0.3399km^2）；奥克兰港的USP公司铁路站场、圣塔菲的铁路站场均邻近港区；洛杉矶港和长滩港的站场位置离港区6.43km，面积146英亩（约合0.5908km^2），每小时可处理230个集装箱，年运量超过60万个集装箱。

美国运输部明确提出要加强对连接通道［NHS Connector，指将枢纽港站与国家公路网连接起来的最初或最后1英里（注：1mi约合1.609km）公路］的投资，进一步提高港口、铁路、机场与公路之间的衔接水平。美国共建有多式联运连接通道1400多条，用于将港口、机场、铁路等货运站与国家公路网连接起来。

美国运输部对全国港口、机场、货站等进行了全面评估，最终确定了国内517个多式联运物流节点。其中，机场作为物流节点的数量达到99个。为保证这些节点的集疏运，政府建设了1222mi的公路专用线。其中，对于一些货运量较大的节点，确保有多条集疏运线路；而对于另外一些站点，则确保与国家公路网无缝对接。美国多式联运节点的种类和数量见表2-1。

美国多式联运节点的种类和数量　　表2-1

多式联运类型	数量（个）	公路专用线长度（mi）
港口（海港及河港）	253	532
机场	99	221
货车/铁路场站	203	354
管道/货车场站	61	115
合计	616	1222

二、港口铁路连接情况

2016年，美国集装箱流量最大的港口主要是服务大型沿海和内陆市场的港口，如长滩港、洛杉矶港、纽约港和新泽西港。在标准箱流量排名前25的集装箱港口中，有9个集装箱港口至少有1个码头具有码头内铁路连接设施。所有高容量港口或直接连接到铁路轨道系统，或附近有铁路轨道设备。散装码头具有适合该码头处理的商品类型和体积的各种铁路连接服务。大多数集装箱码头都有位于码头边界的码头转运设施或附近的码头外设施。集装箱港口码头数量与码头含有铁路连接设施的码头数量情况见表2-2。

美国集装箱港口含铁路连接设施码头数量统计表 表2-2

港　口	集装箱码头数量（个）	含铁路连接集装箱码头数量（个）
杰克逊维尔港	3	1
长滩港	7	6
洛杉矶港	7	7
迈阿密港	3	3
纽约和新泽西港	6	4
萨凡纳港	1	1
西雅图港	4	1
塔科马港	6	4
弗吉尼亚港	3	2
威尔明港	1	1

三、美国海铁联运主要港口

1. 洛杉矶港

美国集装箱海铁联运主要分布于东西海岸港口之间。洛杉矶港是美国最大的集装箱港，位于加利福尼亚州南部，距离洛杉矶市区32km，承担了美国西海岸港口近70%的集装箱吞吐量。它是美国西海岸与亚洲国家进行贸易活动的重要口岸之一，也是距离巴拿马运河最近的港口，具有非常重要的战略地位。洛杉矶港拥有美国最广泛和最现代化的码头和近码头铁路服务网络，将美国的进出口贸易连接到国际市场。美国大约35%的多式联运集装箱都利用了洛杉矶港的铁路网络，其中包括1个靠近码头的铁路站场和5个位于码头内的铁路站场，一起为8个集装箱码头提供服务。

洛杉矶港中的铁路基础设施包括超过5612m的码头轨道，用于构建和编组双层货车，这加快了进口货物到全美国市场和美国产品到港口出口交付给全球消费者的速度。5个现代化的码头铁路站场和6个多用途的堆放和存储设施可为港口的8个海运集装箱码头提供全套服务。洛杉矶港如图2-1所示。

图 2-1　洛杉矶港

洛杉矶港拥有较为完善的集装箱海铁联运网络，并且港区内都有铁路线通向主要码头。为缓解城区交通压力，缓和港口和城市矛盾，在联邦政府授权下，港区采用公私合营 PPP（Public-Private-Partnership，政府和社会资本合作）模式。洛杉矶长滩港投资 24 亿美元，采用 PPP 模式建设了一条长达 32km 的铁路运输通道——阿拉米达通道。这是一条专用的高速铁路线路，将码头连接到横贯美国大陆的铁路系统。货物在港口和整个北美市场之间不间断流动，将长滩港、洛杉矶港港区码头与国家铁路网络连接在一起。阿拉米达货运通道如图 2-2 所示。

图 2-2　阿拉米达货运通道

阿拉米达通道于 2002 年 4 月建成后，铁路列车运行速度提高了近一倍，运行时间减少了30%左右，集装箱滞留港口时间大大减少。港区平均每天发行60辆货运列车，全年约有500万标准集装箱（TEU）的货物通过该通道。到2020年，每天有100辆列车发行，极大地提高了洛杉矶港集装箱集疏运效率。同时，通道建成后减少了港区周围城市80%的废气排放和90%的噪声污染，间接创造了26000多个就业岗位。

为进一步提高洛杉矶港的运输效率，集装箱运输均采用双层集装箱列车，并在港区内铺设了大约18km直通码头的铁轨。为了最大限度地提高双层集装箱列车的疏港效率，在港区的码头设置了4个集装箱装卸区，并在附近建设了专门的集装箱多式联运站，并配有专门的铁路疏港列车。集装箱卸船后，既可以堆放到港口搬运车上，也可以直接装上货运列车，通过阿拉米达通道到达市区的铁路中转站，从而连接到国家铁路网络，疏散到全美或北美地区。

同时，洛杉矶港大力建设集装箱多式联运站。24h不间断运营的集装箱多式联运站，占地1km^2的装卸区可以存放3000个TEU；长度在1.2～1.5km的6条装卸线拥有同时处理95辆编组双层集装箱列车的能力。

为了对进出站车流变化进行调整，港内设有16个便于集装箱运输车辆进出的双向可变向车道，以提高站区集装箱疏散能力。智能化的信息管理系统，通过计算机连接站区装卸设备，与企业信息管理系统交换数据，对货物进行实时跟踪。

港口的铁路网络还包括近码头多式联运集装箱设施（ICTF）和5个码头外主干线铁路，其中，3个由联合太平洋铁路（UP）运营，2个由美国伯灵顿北方圣太菲铁路运输公司（BNSF）公司运营。UP运营的码头位于洛杉矶市中心附近的洛杉矶东场，BNSF的Hobart/Commerce站场位于圣佩罗湾港口以北约24mi处，处理大部分多式联运货物。

在过去10年中，洛杉矶港已投资超过3亿美元用于开发和升级其综合铁路网络，为客户提供卓越的货物运输系统。在亚洲和美国之间（包括东海岸），通过洛杉矶港运输货物是加快市场投放速度、降低运输成本和提高可靠性的最具竞争力的途径。根据规划，港区在未来几年里将会继续建设多个码头铁路集装箱装卸区和多式联运站以满足港区日益增长的集装箱吞吐量需求。

2. 纽约—新泽西港

纽约—新泽西港位于美国东北部，东临大西洋，岸线资源分布在上纽约湾和纽瓦克湾内，属海湾河口港，是美国第三大集装箱港和最大的汽车进出口口岸。纽约—新泽西港包括纽约、新泽西、纽瓦克 3 个部分，分属纽约州和新泽西州辖区，拥有深水岸线总长近 70km，港口陆域面积约 3800km^2，是世界上面积最大的港口，有集装箱码头 42 个，港区水深 -9 ~ -15m。现有码头设施主要分布在哈德森河东西两岸、上纽约湾东西两岸和纽瓦克湾西侧的纽瓦克港区和伊丽莎白港区。早期沿哈德森河建设的突堤式狭栈桥码头，后方陆域小，经过港口功能调整，主要服务于城市生活、旅游，后期建设的伊丽莎白和纽瓦克码头基本为顺岸布置，陆域宽敞，是目前纽约—新泽西港的主要货运港区。集装箱码头包括纽瓦克港集装箱码头、伊丽莎白 Maher 码头和 APM 码头、全球集装箱码头和纽约集装箱码头。码头后方均有铁路支线，2010 年铁海联运集装箱量达到 37.7 万 TEU。纽约—新泽西港在 2014 年共处理集装箱货物 334 万箱，相较 2013 年同比增长 5.4%。这一增长率也超过了此前的最高纪录：2012 年的 4.1%。此记录让纽约—新泽西港保持住了最繁忙的东海岸港口的地位，占据了东海岸近 30% 的市场份额。

纽约—新泽西港主要码头泊位情况如表 2-3 所示：

纽约—新泽西港主要码头泊位表 表 2-3

码头类别	泊位数（个）	岸线长度（m）	最大水深（m）
合计	95	17997	—
集装箱	42	8725	-15.2
滚装	12	2133	-11.0
散、杂货	11	1876	-9.7
油品	30	5263	-11.5

纽约—新泽西港是铁路集疏运较为发达的港口，有 12 个铁路车站用于装卸集装箱、汽车和其他传统货物。这些车站由加拿大太平洋铁路公司、CSX 和 Norfolk Southern 经营，提供到美国东部和加拿大重要市场的运输服务。港口主要提供完善的码头铁路网络——Express Rail System，主要服务于集装箱码头。

2011 年，纽约—新泽西港集装箱吞吐量达 550 万 TEU，其中铁路集疏运比例超过 13%，有力地保障了港口货物集疏运。

作为美国东海岸最大的集装箱港口，从 2003 年起，港口相关方制订了一系列改善铁路集疏运状况的发展计划，力争使铁路集疏港比例增加到 25%，以降低高速公路货车运输量的增长速度，缓解当地高速公路的压力。如：耗资 7000 万美元在伊丽莎白港区建设多式联运铁路设施，占地面积 0.7km^2，年装卸能力 100 万 TEU，这为纽约—新泽西港成为东海岸国际大港奠定坚实基础；新泽西交通部门还提出议案，计划投资 8000 万美元以改善当地铁路集疏港设施，提高铁路集疏港比例；在纽瓦克港区半岛建海铁联运铁路和车站。

第二节 欧洲

一、海铁联运发展基本情况

欧洲多式联运主要指组合运输。在欧盟成员国当中，德国拥有最大的组合运输市场，在成员国内组合运输中 TEU 运量占比达到 26%，周转量占比达到 37%，排名在其后的是瑞典、法国和意大利。在所有组合运输中，公铁联运占比达到了 56% 左右。绝大部分为非伴随式运输（Unaccompanied CT），比例高达 95%。

欧洲的非伴随式联运又可分为以下两种：

1）欧洲洲内联运（Continental CT）

洲内联运的范围仅限于欧洲内部（包括欧洲大陆与英国、爱尔兰之间的短海运输），相关的货物托运方绝大多数都使用符合欧洲标准的联运设备，而这些设备仅限于在欧洲内陆运输工具、驳船和短海运输船舶上使用，一般只提供“站点至站点”（Terminal to Terminal）的运输服务。根据国际铁路联盟（UIC）的统计，2011 年，洲内的国内联运（一国联运）和国际联运占整个欧洲非伴随式多式联运的比重分别为 21% 和 26%。

2）跨洲海铁联运（Maritime CT）

跨洲海铁联运是欧洲与其他地区间的货物联运方式，所运输的货物绝大多数都装载在符合国际标准化组织（ISO）国际标准的集装箱内，通常施行的是包括公路运输、清关和空箱补给等在内的“港至门”（Port to Door）全套运输服务。2011 年，跨洲联运中只涉及欧洲境内一国的跨洲国内联运量达到非伴随式多式联运的 39%，占据最大比重，跨洲国际联运则为 14%。2011 年欧洲非伴随式联运量及类型分布如图 2-3 所示。

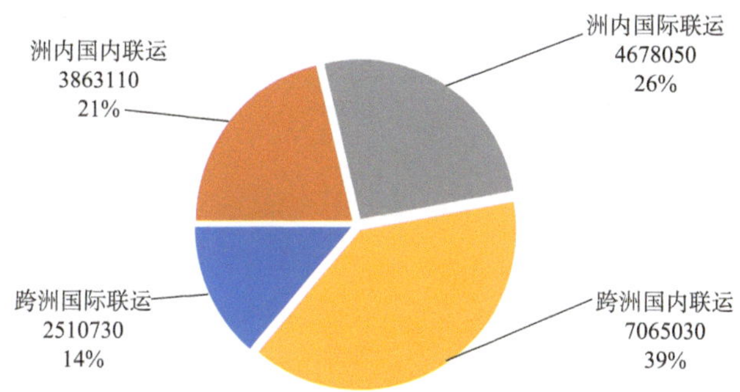

图 2-3　2011 年欧洲非伴随式联运量及类型分布（单位：TEU）

二、欧洲海铁联运主要港口

欧洲海铁联运的主要模式为南/北部港口（鹿特丹港、汉堡港、安特卫普港等）到内陆腹地（德国、意大利、瑞典等国），因此，欧洲多式联运的枢纽节点也主要集中在海港地区，欧洲最主要的集装箱联运港口大多数位于欧洲北海海岸线上，它们是鹿特丹港、汉堡港和安特卫普港。在欧洲经济一体化的背景下，这些港口共同拥有整个欧洲广阔的腹地，为海铁联运的发展提供基本条件，在整个欧洲经济发展中起到重要作用，作为欧洲内陆与全球各国经济发展的重要运输纽带，为欧洲内陆货物进出口提供了更好的运输条件。

（一）荷兰鹿特丹港

鹿特丹港位于莱茵河与马斯河河口，该港口自 1961 年以来连续 42 年保持世界第一大港的地位。鹿特丹港 2017 年吞吐量世界排名第 9 位，欧洲排名第 1 位，是欧洲最大的石油化工仓储基地。鹿特丹港是欧洲最大的集装箱港口，是全球最重要的运输枢纽中心之一。鹿特丹港区内建有 2 个大型的集装箱中转站，通过铁路线路将整个欧洲的内陆腹地与港口码头直接相连，实现了火车和船舶直接进行货物接运作业，减少了货物倒装作业过程中的装卸环节，这种直接接运的运输方式大大提高了货物装卸效率，为港口海铁联运运输组织发展提供了良好的发展空间。鹿特丹港具有高度发达的集疏运系统。港内拥有先进的铁路集装箱编组中心（RSC），列车可直接进入鹿特丹港码头，提升海铁联运的衔接效率，减少公路短驳，降低了道路拥堵程度与运输成本。

1. 集装箱业务发展迅猛

鹿特丹港是全球集装箱的枢纽和通往欧洲的门户，是世界上主要的集装箱港口之一和欧洲最大的集装箱码头。近年来港口集装箱吞吐量连续稳定增长，位居欧洲港口第一。2016 年港口集装箱占港口吞吐量的 28%，其中海铁联运占集装箱运量的 12%，在鹿特丹港 2016 年货源中，普通散货占 6%，液体散货占 48%，集装箱占 28%，干散货占 18%。鹿特丹港对运往欧洲内陆以及以远的货物，与港口直线距离在 800km 以内的，以内河航运和汽运为主，距离 1200 ~ 1600km 及 1600km 以上的，均以铁路运输为主。

2. 高度重视中欧班列

鹿特丹港目前参与运作中欧班列多条线路，其中成都经迪尔堡至鹿特丹班列每周 3 个班次固定开行。一方面，从货源情况看，欧洲回程货源是影响中欧班列开行的一个重要因素，运行之初，欧洲回成都货源在 10% ~20%，经过近几年运输时效的不断提升，目前回程货源已达到 70%，主要有红酒、啤酒、奶粉和德国精密仪器等，其中包含部分到青岛区域货源；另一方面，从物流成本来看，欧洲段的物流商通过线条合并、优化分拨方式等手段，使成本大幅下降。同时，在中国段的班列管理、适配箱型、运输路径等方面的成本压缩空间也很大。

（二）比利时安特卫普港

安特卫普港是欧洲第 2 大港，杂货运输量居欧洲之首，是欧洲最大的钢材、水产品和水果港，并拥有集装箱、汽车、钢材、煤炭、粮食、木材、化肥等专业码头，具有完善的海铁联运运输组织网络，港口设有世界上最大的自动化铁路货运编组站，可以同时进行 10 多列货物班列的编组作业，是欧洲重要的运输组织转运中枢之一。

安特卫普港是欧洲第 2 大铁路港口，是多条国家铁路线的终点站，列车 1 日内可到达欧洲主要经济中心。超过1000km的铁路线将所有的码头与工作区连接起来。占地面积5km^{2}的全自动化铁路货运编组站Antwerp-North是欧洲较大的编组站之一。港区内有多个集装箱中心站，2001年建成的MainHub站年吞吐能力为35万TEU，并预留65万TEU的吞吐能力。

安特卫普港拥有5个集装箱码头，周围不仅密布着连接法国、荷兰和德国等国家的国际公路网络，还拥有四通八达的铁路和水路网络连接欧洲各主要经济中心，为港口、铁路及其他企业提供了高效的运输，使其具备1500万TEU的吞吐能力。欧洲最大的石化工业集群坐落在港区内，约900家企业在此落户，港口与工业互为依托。2016年海运吞吐量2.14亿t，同比上升2.7%，其中集装箱货运量达到1.18亿t、1004万TEU，同比增长4%，占总吞吐量的55%。安特卫普港在以下两方面具有独特优势。

1. 强大的铁路运输网络

港内有近1000km铁路，26个铁路场站，最大的编组场为三级五场，铁路网四通八达，每个码头、工厂都有铁路线连接，货物从船上卸下，经码头近距离短倒直装火车，铁路运输能力极强。港口铁路年运量约2100万t，约占比利时国铁运量的50%，日开行各品类铁路货物列车250列，每周开行铁路集装箱货物列车250列。

2. 巨大的港口工业集群

港区内工业企业集群规模庞大，有许多大型化学品公司以及石油公司在此设立工厂或将港口作为货物分拨中心，还有大量的汽车装配和船舶修理等企业。港口为临港工业带来便利，工业为港口提供稳定货源，港内工业企业所产生的货运量占总吞吐量的23%左右，形成港口与工业互为依托的局面。

安特卫普港在2004年底制定“降低公路疏港量比例，大力发展驳船和铁路运输”的发展方向，并采取了以下措施。一是启动一项加强比利时同其他国家铁路和驳船公司合作的工程，目的是建立短运距多式联运网络。该工程是欧盟“马可波罗”计划的一部分，得到欧盟172万欧元的补贴。该工程建设18个内陆站场（比利时10个、法国3个、荷兰4个、德国1个），形成安特卫普港的多式联运网络，目的是将250km以上的集装箱运输从公路转向铁路和驳船运输。该网络辐射范围内的集装箱量占安特卫普港集装箱运输量的80%以上。二是大力建设国际铁路集装箱网络。该工程支持在安特卫普港和主要腹地之间开行集装箱班列，欧盟对此进行支持，每年为该工程提供30万欧元的支持，直到2007年为止。三是安特卫普港为了捍卫在欧洲的重要地位，对铁路系统进行现代化改造和扩建。在港口左岸，推进修建2个新的铁路集装箱中心站、若干双线电气化连接线和几条侧线，以服务于新建的Deurganck集装箱码头。2011—2012年在斯凯尔特河下建成1条长7km的铁路隧道，用于优化港区两岸的铁路运输组织。2012—2020年建设港区的第2条铁路通道，通过28km长的双线将Anterp-North编组站接入德国至法国的铁路线，这有利于提高港区铁路运输的可靠性，还可使运能提高1倍。

（三）德国汉堡港

汉堡港地处德国北部易北河下游，是德国第一大港，也是欧洲最大的铁路集装箱转运中心、欧盟重要的海运中转枢纽和国际航运中心，兼具内河港、海港和自由港功能，货源腹地辐射欧洲市场中心区城，在欧洲海铁联运货物方面发挥着巨大作用。

汉堡港是传统的铁路港口，港口内建有3个铁路车站，港口堆场与铁路专用线相衔接，并高效的、全自动化的装卸机械进行作业，铁路在进出汉堡的长距离运输竞争中占据超过70%的市场份额，每天约有160列国际国内集装箱班列进出港口。铁路专用线深入到每个港口的码头前沿，承接起海上与内陆的货运交换作用，海铁联运运量占港口吞吐量的80%以上，拥有铁路超过300km，每天发运列车200列以上。汉堡港如图2-4所示。

德国汉堡港作为欧洲第二大集装箱港口，是世界上最大的自由港，并且是德国北部最重要的铁路枢纽之一。作为传统的铁路港口，汉堡港基本依靠铁路进行货物长距离运输，海铁联运方面的主要优势如下：

1. 依托铁路建立完善的多式联运基础设施

铁路在汉堡港多式联运枢纽建设中发挥着重要的集疏港作用。港口内建设有3个铁路站场，铁道线直接延伸至码头后方堆场最长装卸线长700m，并拥有全世界最先进的全自动控制装卸系统。港口所有码头都建有铁路专用线，主要承接腹地长距离运输。铁路运输占港口全部吞吐量超过80%份额，每日进出港口的集装箱班列已经超过了160次，已经发展成为欧洲地区规模最大的集装箱铁路运转港口。健全完善的多式联运基础设施，有利于提高多式联运枢纽的处理效率、通过能力和生产效益。

图 2-4　汉堡港

2. 依托内河和铁路建立完善的集疏运体系

港口枢纽的生存能力取决于港口与腹地间高效的内河、公路及铁路等货物集疏运网络连接。通过完善集疏运体系，提高运输组织效率，确保各种运输方式之间分工合理、衔接有效，进一步发挥港口在综合交通中的作用，构建可靠、高效的运输系统。《汉堡港发展规划》（2007 年）提出：改造易北河河口航道，扩大港口铁路的辐射范围，持续更新港口相关的道路设施，大力发展内河集疏运体系。同时，汉堡港设有专门负责铁路运输线路协调的部门，从而极大地强化了相关基础设施建设的配套程度。比如在马申地区设立的编组站点，日编组能力超过了一万个车厢，可以给汉堡港集装箱海铁联运提供专业化的编组服务。

完善、便利的集疏运体系是多式联运枢纽建设的基本条件，因此在建设枢纽时，要对其集疏运体系进行科学、系统的布局规划，确保与外部交通网络形成有效衔接。

3. 注重港口与腹地产业融合发展

一方面，港口为腹地工业提供专业、高效的物流服务，提高腹地工业发展水平，进而带动整个区域经济的发展，实现港城共荣。另一方面，腹地工业和城市的繁荣又会进一步促进港口的发展和效益的提高。汉堡港是欧洲承接亚洲贸易的中心，是物流业和港口相关产业发展的理想地区。2007 年版的《汉堡港发展规划》（2007 年）提出要“强化城市及城市地区的经济产业结构，保障依托海港的港口产业的发展”。

4. 便利的电子数据交换中心

平台系统支持信息联通。汉堡港的港口联合信息交互平台系统高度发达、运转高效，实现码头运营方、干线运输方、班列运营方、港口管理方、海关和海岸监管方等多方信息联通共享、协同工作。由于这一系统中的信息数据实时、透明、真实，海关通过这一平台能够看到船公司的货物所有情况，通关会更加顺畅。港口调度指挥控制中心能够及时掌握众多的船公司、物流商的需求，了解港内交通状况及相关干线运输情况，及时进行相应的调度调整。港内众多的铁路公司、物流商同样通过这一平台了解掌握海关、铁路方面的情况，及时进行相互沟通、联合运作。

5. 参与主体间相互联动

该港以直接中转运输为主，采取码头海铁货物直装作业，直接将铁路修建到码头前沿，将集装箱从船上直接装运列车，避免集装箱从船上落地后再通过短搬装运列车。其中，海关通过在港口现场布局监管点畅通办理流程和搭建港口信息交互平台，优化作业流程并提升监管效率。港口铁路主要参与主体情况如图 2-5 所示。因此，争取海关等政府部门对海铁联运的支持配合非常重要，这也是目前我国铁路海铁联运的短板之一。

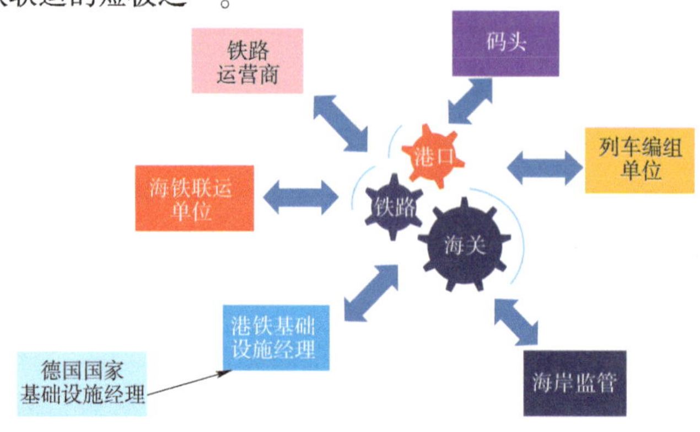

图 2-5　港口铁路主要参与主体情况

第三节 日本

日本是典型的海岛型国家，拥有众多的优良港口和密集的海运航线，海运集装箱是日本进出口贸易货物装载形式的一种，国际海运集装箱到港后大多数以公路运输的方式在日本内陆进行转运，但海铁联运的集装箱也占一定比例。日本铁路公司（Japan Railways，日本大型铁路公司集团）货物公司（以下简称“JR 货物”）目前有集装箱海铁联运定期线路 8 条，即横滨本牧仙台港、横滨本牧—宇都宫、东京—宇都宫、东京—郡山、东京—神栖、神户—福冈、东京—黑井、神户—广岛，其中东京—郡山、东京—神栖、神户—福冈 3 条线路目前处于停运状态。此外，在中国和日本、日本和韩国之间也有 12ft 集装箱的海铁联运线路，如集装箱从韩国仪旺经铁路到釜山，走海运到博多，再通过铁路到东京。

日本集装箱海铁联运使用的集装箱既有 JR 货物的 12ft 集装箱，也有国际 ISO 标准的 20ft 和 40ft 集装箱。其中，JR 货物拥有的 12ft 集装箱既可以在日本内陆使用，也可以通过海铁联运的方式在国际物流中使用，这与我国铁路集装箱只能在境内使用有所不同。

第四节 经验借鉴

通过对欧美发达国家典型港口海铁联运发展情况的梳理，其主要的经验和做法，集中体现在以下几个方面。

一、构建全覆盖的铁路网络与高密度的班列

一是广阔的路网覆盖范围是开展海铁联运的关键。汉堡港是欧洲最繁忙的海铁联运港口，其铁路网布局可以覆盖整个欧洲；纽约—新泽西港依托贯通美国的国家级铁路网络，积极推进海铁联运业务的发展，现铁路集疏运方式已成为其辐射全美的主要通道。二是设置高效能的货运编组站。为了满足调配发往不同地域的集装箱，须按目的地对承载集装箱的车皮进行分拆编组，这是港口铁路运输中

最重要的节点，也是整个海铁联运通过能力的瓶颈所在。以鹿特丹港与汉堡港为例，两个港口分别设有世界先进的铁路中心编组站，汉堡港马斯恩集装箱编组站每天发送280列，堪称欧洲第一。

二、加大对集装箱海铁联运市场培育力度

海铁联运在运输时间与货物安全上较内河水运有很大的优势，因此其运价比内河水运高，但在开行初期，经常由于货物量不足无法发挥大运量的规模效应。因此，在这个时期，欧美等地区各国的政府部门为了培育海铁联运市场，增强海铁联运的竞争优势，往往采取对海铁联运经营人按箱进行财政补贴的方式，鼓励海铁联运发展。

三、基础设备设施能力储备大

欧洲三大港口除具有天然发达的航道水系外，均具有强大的铁路疏运能力，总体规划设计科学、超前。汉堡港正在统筹优化港内土地利用与项目战略发展，逐步推动集装箱码头、车站及重点区域的扩建发展；鹿特丹港正在优化完善港内公路与铁路输运系统，投资建设铁路桥梁等基础设施，改善与德国铁路交通的衔接配套；安特卫普港在已有的1000km铁路线基础上，正在投资7.65亿欧元建设新的铁路隧道，连接港区左右两岸，为港口货物疏运进一步提供强大的铁路运能支撑。

四、大力优化港口集疏运结构

欧洲各港及物流公司普遍认为公路和内河航道受环保、水深等因素限制较多，而铁路建设和维护费用低于公路，运营成本更低，更加符合环保要求，地方政府和港口都在推动铁路运输，通过改造完善铁路设备设施、收购经营亏损的铁路公司，提高铁路线路与港口码头的匹配度，加大铁路货运比例，压缩汽运占比。汉堡港2016年内陆运输中，铁路运量由45.3%提高到46.4%，内河运输由12.3%降至11.5%，公路运输占比由42.4%下降至41.7%。到2030年，安特卫普港规划全部货物铁路运输由占比8%提高到20%，集装箱货物铁路运输占比由

7% 提高到 15%，同时全部货物汽运占比由 52% 降至 40%，集装箱货物汽运占比由 58% 降至 43%。到 2025 年，鹿特丹港规划将陆路运输由目前的 44% 降低至 35%，将水运由 43% 提高到 45%，铁路由 13% 提高到 20%。

五、管理体制独特且运营方式灵活

欧洲港口运营是“地主港”模式，港口是政府机构，接受当地政府领导。港口主要负责基础建设，为码头运营商、船公司、国铁公司、铁路运营商等提供发展平台和业务洽商的机会，一般只收取相关场地租金及管理费用。通过港务局搭建的平台，各类运营机构可以整合资源，沟通、运作更高效，海铁联运更灵活。例如，汉堡港驻有 135 家铁路运营公司，除开行班列须提前一年确定开行方案外，众多的铁路运营商可以随时通过系统向国铁或干线铁路公司预定某一区段的铁路运行线使用权，定好后再去租机车、车辆等组织运输。

第三章

国内海铁联运发展现状

第一节 发展背景

一、政策背景

多式联运是一种先进、高效的运输组织模式，具有产业链条长、资源利用率高、综合效益好、抗风险能力强的优势，能够有效提升全程效率、减少货损货差、降低物流成本，在保障我国经济社会平稳有序运行中发挥重要作用。近年来，多式联运作为我国物流业发展的头号工程，受到了国家的高度重视、行业的广泛关注，并得到市场的充分认可。海铁联运不仅可以为腹地提供直接、快捷、经济的出海运输通道，而且低碳绿色、污染排放较少，是世界各国优先发展的运输方式。近年来，我国对于集装箱海铁联运也日益重视，并将其作为我国构建完善综合交通运输体系的重要内容之一，先后公布了3批“国家多式联运示范工程项目”，印发了多个促进我国集装箱海铁联运发展的文件，为集装箱海铁联运发展提供了良好政策环境。目前，我国涉及集装箱海铁联运的发展规划和政策如下。

（1）2011年5月，交通运输部和铁道部共同签署《关于共同推进铁水联运发展合作协议》，选定了6条集装箱铁水联运示范通道加强海铁联运建设。

（2）2014年9月，国务院发布《物流业中长期发展规划（2014—2020年）》，将多式联运工程列为重点工程。《规划》提出，要加快多式联运设施建设，构建能力匹配的集疏运通道，配备现代化的中转设施，建立多式联运信息平台；完善港口的铁路、公路集疏运设施，提升临港铁路站场和港站后方通道能力；推进铁路专用线建设，发挥铁路集装箱中心站作用，推进内陆城市和港口的集装箱站场建设；构建与铁路、机场和公路货运站能力匹配的公路集疏运网络系统；发展海铁联运、铁水联运、公铁联运、陆空联运，加快推进大宗散货水铁联运、集装箱多式联运，积极发展干支直达和江海直达等船舶运输组织方式，探索构建以半挂车为标准荷载单元的铁路驮背运输、水路滚装运输等多式联运体系。

（3）2016 年 7 月，国家发展和改革委员会、交通运输部和中国铁路总公司联合印发《中长期铁路网规划》。《规划》提出，以资源富集区、主要港口及物流园区为重点，规划建设地区开发性铁路以及疏港型、园区型等支线铁路，形成干支有效衔接、促进多式联运的现代铁路集疏运系统，畅通铁路运输的“最先一公里”和“最后一公里”；以大连、秦皇岛、天津、烟台、青岛、连云港、上海、宁波—舟山、福州、泉州、厦门、汕头、深圳、广州、茂名、湛江、海口等沿海城市及重要港口为支点，畅通港口城市后方铁路通道及集疏运体系，构建连接内陆、海铁联运的国际交通走廊；合理布局铁路物流中心、铁路集装箱中心站及末端配送服务设施，扩大货物集散服务网络；按照“无缝化”衔接要求，完善货运枢纽多式联运、集装箱运输、邮政快递运输、国际联运以及集疏运等“一站式”服务设施，提升枢纽集散能力和服务效率。

（4）2016 年 12 月，交通运输部等 18 个部门联合发布《关于进一步鼓励开展多式联运工作的通知》（以下简称《通知》）。《通知》指出，推动中长距离货物运输由公路有序转移至铁路、水路等运输方式；深入推进铁路货运市场化改革，创新铁路货运管理和经营组织模式，提高全程物流组织的协同性、运输服务的时效性和市场经营的自主性；逐步放开铁路货运竞争性领域价格，扩大企业自主定价范围，建立完善能够灵敏反映市场供求和竞争状况、体现服务质量差异的铁路货运价格形成机制。《通知》的出台标志着我国多式联运发展步入了新征程，从政府到企业、从硬件到软件、从示范到推广、从竞争到合作，采取一系列破局之举措、破题之探索，为运输物流领域开辟出一条康庄大道。

（5）2018 年 10 月，国务院印发《推进运输结构调整三年行动计划（2018—2020 年）》（以下简称《计划》）。《计划》提出，加快发展集装箱铁水联运，鼓励铁路、港口、航运等企业加强合作，促进海运集装箱通过铁路集疏港。在环渤海、长三角、珠三角、北部湾和海峡西岸经济区等重点沿海区域和长江干线，打造“长途重点货类精品班列＋短途城际小运转班列”铁水联运产品体系。鼓励铁路运输企业增加铁路集装箱和集装箱平车保有量，提高集装箱共享共用和流转交换能力，利用物联网等技术手段提升集装箱箱管和综合信息服务水平。

（6）2019年11月，交通运输部、国家发展和改革委员会、财政部、自然资源部、生态环境部等9部门联合印发《关于建设世界一流港口的指导意见》，明确提出到2035年，重要港区基本实现铁路进港全覆盖，港口集装箱铁水联运比例显著提升。

由此可见，以公路运输为主的运输体系已不适应社会与区域经济发展需要，急需转型升级，特别是港口集疏运体系。海铁联运具有快速、安全、运能大、成本低等突出优势，对调整运输结构、增加铁路运输量、实现大宗物流“公转铁”具有重要意义。开展海铁联运运量需求及发展战略研究，按照“抓港口、稳大宗、增白货”的思路，大力发展海铁联运，对落实供给侧结构性改革、改善生态环境、促进区域经济协调发展具有重要意义。2016年以来，交通运输部、国家发展改革委组织开展了3批多式联运示范工程申报和评审工作，确定了“天津港中蒙俄经济走廊集装箱多式联运示范工程”等70个多式联运示范工程项目，为企业创新实践营造了良好环境，积累了一批可复制、可推广的经验，有力提升了多式联运吸引力、竞争力和影响力，为推动我国多式联运高质量发展发挥引领作用。

二、发展意义

海铁联运具有高效、安全、绿色等突出优势，是国际上多式联运的重要模式。新时期推进海铁联运发展，事关国民经济提质增效升级、国家重大战略实施、节能减排绿色发展、交通运输和物流供给侧结构性改革，具有重要的现实意义和深远的战略意义。

（1）有利于发挥海运和铁路运输方式比较优势和组合效率，推进物流业降本增效，增强经济发展新活力。

长期以来，我国货物运输规模大、效率低、质量不高，其根源在于我国跨运输方式转运衔接成本过高，难以引导公路长途货运转向铁路和水运，一定程度推高了全社会物流成本。从实际运行情况看，如果多式联运各环节衔接顺畅，与单一公路运输相比可节约运输成本36%。

（2）有利于推动运输服务上下游协同联动和跨界融合，加快生产要素集聚整合，拓展产业发展新空间。

海铁联运需要把不同运输方式有机串接起来提供一体化物流服务，可有效提升运输生产要素集约利用率。同时，由于海铁联运对无缝衔接、快速转运、信息流转、协同服务等要求更高，因而对基础设施、装备制造、信息技术、金融保险等行业及其延伸服务业形成强大的拉动效应，促进上下游产业加强标准化、一致性协同联动，推进相互间生产要素开放共享，形成全要素集聚整合的强大推力，并孕育出新的经济增长点，还可推动形成商流、物流、信息流、资金流“四流”合一的产业集群。

（3）有利于释放物流大通道服务潜能和辐射效应，推进国内产业转移与国际产能合作，打造全方位开放新格局。

随着“一带一路”、长江经济带建设等深入推进，纵横贯通、对接国际的物流大通道建设步伐加快，充分发挥物流大通道辐射效应，除了建设完善综合立体交通走廊，更需要加快发展公铁水及航空多种组合形式的多式联运，以高效物流引领国内产业有序转移和国际产能广泛合作。海铁联运是内陆到沿海的快捷通道，可以实现异地报关、简化通关手续等服务，大大节约了运输时间和运费。港口企业通过集装箱海铁联运一体化经营，可以减少运输环节，缩短运输周期，降低运输费用。除此之外，还对优化港口集装箱运输结构、提升港口核心竞争力等发挥越来越重要的作用。海铁联运的发展使得港口经济腹地辐射范围更广，从而可以吸引更多货源，另外，还有助于推动港口从传统“装卸型”港口向现代“物流贸易型”港口转变。

（4）有利于优化交通运输结构和供给模式，推进资源集约利用与节能减排，引领绿色低碳发展新路径。

借鉴发达国家成功经验，推进运输服务业集约高效和低碳绿色发展，最大的潜力在优化货运结构，充分发挥铁路、水运的环保优势。随着环保行业日益成为关注的焦点，选择更加节能环保的运输方式成为大势所趋。据测算，在等量运输的情况下，铁路和公路的能耗比为1:9.3，并且铁路的 CO_2 排放量也仅为公路运输的一半。美国实践表明，通过发展多式联运，提高运输效率30%左右、减少货损货差10%左右、降低运输成本20%左右、减少高速公路拥堵50%以上、促进节能减排1/3以上。

第二节 发展现状

我国海铁联运从20世纪90年代开始起步，通过近30年发展，逐步形成了以集装箱铁路运输为主体，以集装箱码头、内陆干港（物流中心、物流站场）为结点，经由铁路和海运两种运输方式联合运输的综合运输体系。目前，全国铁路实际办理集装箱业务的车站有600多个，形成以18个集装箱中心站、40个专办站、100个代办站等辐射全国的铁路集装箱运输支撑体系和“四纵四横”的铁路网络，同时衔接港口，实现陆海联动，东西双向通道，为越来越多的货物提供海铁联运物流服务。

在我国海铁联运体系中，共规划有18个铁路集装箱中心站，定位为专业的只提供集装箱服务的枢纽中心，是集装箱铁路集散地和班列到发地，具有整列编解、装卸、物流配套服务、洗箱和修箱、进出口报关和报检等口岸综合功能。其中9个中心站与港口有衔接关系，从北到南分别为大连、天津、青岛、上海、武汉、重庆、宁波、广州和深圳，基本覆盖我国主要的集装箱码头。

一、海铁联运发展情况

随着“三大战略”的深入实施和物流大通道的不断完善，近年沿海和内陆地区通过积极发展国际国内多式联运，有力促进了产业和区域的联动发展，支撑了新的经济增长极。其中，最具代表性的是集装箱海铁联运的快速发展。主要特点如下。

（1）联运总量快速增长。全国港口集装箱海铁联运总量快速提升。2018年全国港口集装箱海铁联运量完成451.4万TEU，同比增长29.7%，7个主要集装箱海铁联运港口完成铁水联运量381.7万TEU，同比增长25.5%。

（2）联运设施设备更加完善。全国沿海主要港口铁路进港率达到75%，大连港、营口港、连云港、宁波港等主要港口已经基本实现港铁之间的无缝衔接。新型多式联运设备不断投入使用，新型商品车转运架、冷藏集装箱专用平车、粮食专用小高箱等新型设备有效满足了集装箱铁水联运市场的多样化需求。

（3）服务网络范围更加广泛。一是海铁联运线路已经基本实现全国覆盖。我国沿海及内河港口共开行集装箱班列线路达到322条，已经基本形成沿海以大连港、营口港、天津、青岛港、连云港港、宁波舟山港、深圳港、北部湾港为枢纽和内河以武汉港、重庆港为枢纽的格局，覆盖了省市的班列线路。二是国际联运通道不断拓展。以大连、营口、天津、青岛、连云港等港口为主开行的国际班列已经形成西通道、中通道、东通道并举发展的格局，可以便捷通达陆上丝绸之路经济带沿线国家和地区。三是港口服务内陆发展体系不断完善。据统计，仅大连、营口、天津、青岛、连云港、宁波、深圳等7个主要集装箱铁水联运港口，2018年直接投资与合作管理了226个内陆场站，依托内陆场站与开行班列，有效提升了港口对内陆地区的服务和辐射能力。

（4）服务国家战略能力全面提升。一是开行国际班列港口不断增多。我国共有15个港口开行了国际班列，近年来唐山、秦皇岛、黄骅、南京等港口新开行了国际班列。二是国际班列线路不断增加。据统计我国总共开行国际班列线路44条，中欧（亚）班列通达中亚五国和德国等欧洲主要国家，港口与“一带一路”国际物流大通道实现了有机衔接。

（5）示范效果逐渐显现。一是沿海港口示范不断深化。从最初的线路开行、网点布局、拓展市场等方面，逐步向模式创新、网络化布局、资源集聚等方面不断深化，充分发挥了交通运输的基础性和先导性作用。二是综合服务功能不断提升。不断完善服务功能，提升综合服务水平，在商品汽车、冷链物流、粮食专用箱、铁路箱下水等方面均有较大发展。

（6）信息化技术得到广泛应用。一是物联网技术实现大规模应用。我国港口集装箱铁水联运实现了物联网技术大规模应用，主要从事集装箱铁水联运的港口基本实现了联运信息采集、货物状态监控、作业自动化等领域的技术创新与广泛应用。二是信息化水平不断提高。部分港口已经基本建立供应链服务平台，实现主要业务无纸化办公，通过内外交换互联，为客户提供远程受理计划和在线支付以及业务动态跟踪查询等高效服务。

（7）释放企业创造力激发发展活力。一是港航企业积极构建大通道和大网络。青岛港形成了“覆盖山东、辐射沿黄、直达中亚”的海铁联运物流大通道；大连港初步形成以沈阳、长春、哈尔滨、通辽为核心的“4 大中心、12 个场站、31 个站点”的内陆布局；宁波舟山港加大基础设施投入力度，全港集装箱铁路作业能力接近 100 万 TEU，并构筑了依托省内线路的海铁联运服务网络；营口港创建的“东南沿海—营口—欧洲”的“一主四辅多支点”的多式联运大通道，有效支撑了港口腹地的拓展，延伸了港口的服务范围；二是港航企业和铁路企业深化合作，加强运力保障。济南铁路局集团给予省内班列运价下浮 51.8%、管内班列铁路运费最多下浮 50%、管外铁路运费最多下浮 30% 的运价优惠政策，与青岛港集团实行“量价互保”联动措施，推动青岛港海铁联运 2018 年继续高速增长，成为首个国内集装箱海铁联运量超过 100 万 TEU 的港口。沈阳铁路局集团做到有需求就开车，中欧班列运行途中全线重点放行，运行时速由 80km 提升到 120km，确保了班列速度最快、时限最短，增强海铁联运竞争力。

（8）加强多方联动协同推进。一是政企合力降低物流成本。胶州市政府、济南铁路局分别承担 50% 铁路运费（胶州站—港区黄岛站）和中铁联集青岛集装箱中心站（胶州）装卸费，青岛港给予火车装卸费 50% 的优惠，港口、铁路、政府合力推动实现“胶黄小运转”班列 0 运费。二是多方合力提升通关效率。青岛海关、中心站、青岛港通过联合办公，真正实现了报关、商检、查验、放行、海铁联运单证“一站式”办理，极大提升了通关效率。三是积极推动资源集聚。青岛港与国际班轮公司、大型物流公司合作，共同打造了“胶黄小运转”品牌，推动了资源和要素的集聚，促进现代物流业的发展，形成新的港口经济增长点。

（9）加强创新实现发展动能转换。一是创新运输装备。大连港创新研发应用新型商品车转运架，于 2017 年 3 月成功应用于大连—莫斯科长城汽车班列，助力国产汽车品牌走向世界，2017 年全年累计发运过境商品车 1560 辆；创新应用中铁特货研发的 BX1K 型冷藏集装箱专用平车和 B23 型柴油发电车等冷链物流设备，实现了新鲜果蔬的及时发运，陆续开通国内班列及大连—莫斯科冷藏集装箱过境班列，2018 年大连港完成冷藏班列箱量约 2200TEU。二是创新运营模式。青岛港打造“胶黄小运转”班列，每天对开两班的公交化运输，实现了“班列一体化”联运、“通关一体化”办公、“站园一体化”运营、“平台一体化”服务，从而实现了资源节约利用，降低了物流成本。三是创新服务体系。中远海运通过构建多式联运信息服务平台实现信息共享共用和高效流转，为客户提供多样化、个性化、定制化的运输服务，使信息资源、一单制、保障客户权益全面融入集装箱铁水联运服务，提升了铁水联运供给服务质量。

（10）完善信息标准提升效率。一是加强信息共享。连云港、宁波港等港口企业，依托现代物联网技术，率先实现与国铁系统的数据对接，实现了港口与铁路、口岸单位、物流企业之间的信息交换和共享，显著提升了集装箱海铁联运业务协同水平和服务效能。二是制定完善标准。依托集装箱海铁联运物联网应用示范工程，形成了 30 项海铁联运数据交换电子报文，其中 7 项报文成为国家标准，另有 5 项正在申请国家标准立项。有关标准得到了推广应用。

二、主要集装箱海铁联运港口

我国国内已初步形成了具有一定规模的 8 大集装箱海铁联运通道，集装箱海铁联运量从 2010 年的 141 万 TEU 增长到 2018 年的 451.4 万 TEU，总体呈现良好的发展势头。

1. 大连港

大连港是全国最早发展海铁联运的港口，早在 1996 年就开通了“东北一号”哈尔滨班列，并在后续的发展中强化铁路与海运间的无缝衔接，实现“以铁兴港”“以港兴市”，并开创了多种班列运营及经营模式。2011 年，大连至东北地区铁水联运通道被列为交通运输部 6 个铁水联运示范项目之一。2012 年，国家发展改革委将大连—哈尔滨线路列为 6 个海铁联运物联网应用示范工程之一。2016 年，大连东北亚国际航运中心“亚太—东北地区”通道集装箱海铁公多式联运示范工程入选国家首批多式联运示范工程。

大连港积极融入“一带一路”建设，依托东北物流大通道、南北沿海物流大通道等国家物流大通道和大连的亚太外贸航线，以冷链、汽车零部件及整车等专业化多式联运示范线路为重点。对外依托亚太外贸航线，辐射韩国、日本等国际主要贸易地区；对内依托东北物流大通道，辐射沈阳、长春、哈尔滨、大庆等主要内陆点；依托南北沿海物流通道，辐射秦皇岛、烟台、上海等国内主要贸易地区。现已开通海铁联运班列线路32条，每周稳定运行70余班，其中国际线路6条。2017年集装箱海铁联运量达41.2万TEU，同比增长1.5%，海铁联运量占集装箱吞吐量的4%，为全国港口平均水平的2倍。自2016年以来大连港集装箱海铁联运3年累计完成120万TEU，年均增长4%以上。

2. 天津港

天津港坐落于渤海湾西端海河入海口，是京津冀经济区域与环渤海经济圈的交叉点，也是“中国—蒙古—俄罗斯”经济走廊中国端的起点，全球近200个国家和地区的500多个港口与天津港建立了运输和贸易关系，从天津港发出的近120条集装箱班轮航线直达世界各港口。天津港的运输辐射范围包括我国的华北、西北等地区，辐射范围内的经济腹地约有500万km^2，占国土总面积的52%。

天津港从1973年起开始开展运输集装箱业务，随后10年内逐渐发展为国内首座拥有集装箱码头的港口，且最先尝试开展海铁联运集装箱及大陆桥的运输业务，“两桥三通道四口岸”的大陆桥班列运输格局已基本形成。天津港是国内沿海港口发展海铁联运的先行者。早在1989年，天津港就开通了至二连浩特的海铁联运通道，1995年又在国内率先开通了西安至天津间的集装箱班列。经过多年发展，目前天津港的铁路运输通道主要覆盖晋、陕、豫、内蒙古、宁、甘、新等省份，线路超过30条，特别是在内蒙古、山西地区较为密集，如内蒙古的呼和浩特、包头、鄂尔多斯、巴彦淖尔、乌兰察布以及山西的太原、大同、朔州等地；同时还拥有满洲里、二连浩特、阿拉山口（霍尔果斯）陆桥运输通道，形成了独具优势的“两桥三通道四口岸”陆桥通道的海铁联运发展格局。2016年，天津港又开通了至俄罗斯莫斯科和白俄罗斯明斯克的“中蒙俄班列”，并实现了双向重载运输，将二连浩特通道的服务范围经蒙古国延伸至欧洲地区，进一步打通了中蒙俄国际铁路运输通道，深度参与“一带一路”建设。2017年，天津港中蒙俄经济走廊集装箱多式联运项目被列入国家交通部第2批多式联运示范工程，进一步明确的天津港在中蒙俄经济走廊建设中的重要地位。

在历史上，2011年天津港海铁联运实现最高运量超40.4万TEU，陆桥实现最高运量14.9万TEU。但此后，受外部发展环境变化、市场需求减弱、竞争加剧等不利因素的影响，天津港的海铁联运运量出现了下滑。但近年来，在各方的支持下，天津港的海铁联运运量有所回升。2017年，天津港海铁联运完成34.8万TEU，同比增长8.9%，其中内陆海铁联运完成28.7万TEU，同比增长4.7%，陆桥海铁联运完成6.1万TEU，同比增长33.8%。

2018年，天津港集装箱吞吐量突破1600万TEU，且发展快速，特别是“公转铁”政策实施以来，天津港集装箱海铁联运运量明显增加，2018年增长率达到42.1%。然而，天津港即使在国家“公转铁”“公转水”政策、“一带一路”倡议的大力支持下，集装箱海铁联运运量仅占天津港集装箱吞吐量的3%~4%，相较其他港口存在较大的差距。天津港集装箱吞吐量及铁路集疏港量情况见表3-1。

天津港集装箱吞吐量及铁路集疏港情况 表3-1

年份（年）	天津港集装箱吞吐量（万TEU）	铁路集装箱疏运量（万TEU）	铁路运输占比（%）
2013	1300.6	23.3	1.80
2014	1405.7	18.8	1.30
2015	1410.8	30.9	2.20
2016	1458.8	31.4	2.20
2017	1506.8	32.3	2.10
2018	1600.5	51.4	3.20
2019	1730.2	64.7	3.70

3. 青岛港

青岛港位于中国环渤海港口群与长三角港口群连接地带，占有东北亚港口圈的中心位置，是西太平洋重要的国际贸易枢纽，目前是世界范围内较大综合性港口之一。港区面积165.8km^2，拥有世界最大的40万吨级矿石码头、45万吨级原油码头，世界最大的2万TEU以上集装箱船舶实现常态化靠泊，是中国重要的煤炭枢纽港和沿黄流域最大的散粮接卸基地，拥有停靠世界最大 22.7 万吨级邮轮的专用码头，为开展海铁、海公多式联运创造了良好的条件。

早在 20 世纪 90 年代，青岛多式联运特别是海铁联运组织模式就有过跨境班列、直通班列、中亚班列的实践与探索，但因历史原因发展缓慢。新时期，青岛多式联运发展由依托青岛港传统的“港航物流”一枝独秀，逐步进化为“铁”有中心站（中铁联集青岛集装箱中心站）、“海”有青岛港的海公铁多式联运“双轮驱动”模式。依托“港站一体化”“通关一体化”“联运一体化”“平台一体化”协同服务的新思路，凭借“胶黄小运转”短途班列优势，承接铁路货运系统价格机制改革的“红利”，综合运用货运物流龙头企业的业务资源，叠加地方政府的补助政策，服务“一带一路”双向需求的海公铁多式联运举措方兴未艾。

以中铁联集青岛集装箱中心站和青岛港为主要枢纽节点依托，以设施高效衔接为基础，以站场快速转运为重点，以企业强强联手为手段，以信息资源共享为支撑，以服务标准化为保障，全面构建联通多条多式联运线路、促进多种运输方式资源集约利用、提高跨境集装箱运输效率、降低物流成本的多式联运综合服务体系，打造形成“T 字交汇”与“双轮驱动”多式联运布局形式，如图 3-1 所示。

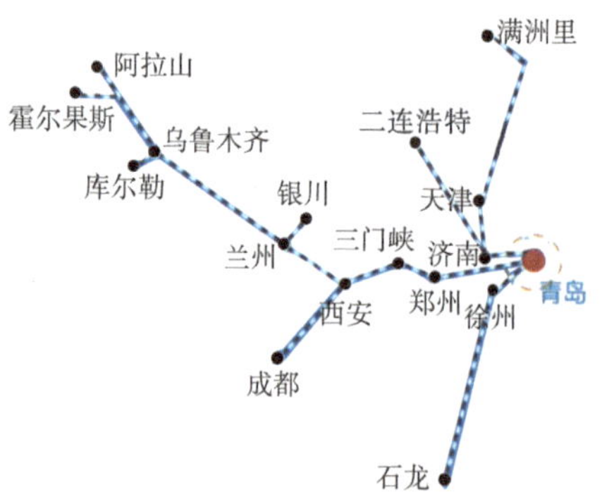

图 3-1 “T 字交汇”与“双轮驱动”示意图

“T 字交汇”即依托国家物流大通道“六纵六横”中“一纵”的“南北沿海物流大通道”和“一横”的“华北出海物流大通道”，在青岛实现“T 字”通道交汇。“双轮驱动”即以青岛港和中铁联集青岛集装箱中心站为依托，形成青岛跨境集装箱多式联运“双轮驱动”架构，在此基础上打造了以下 3 条精品线路，如图 3-2 所示。

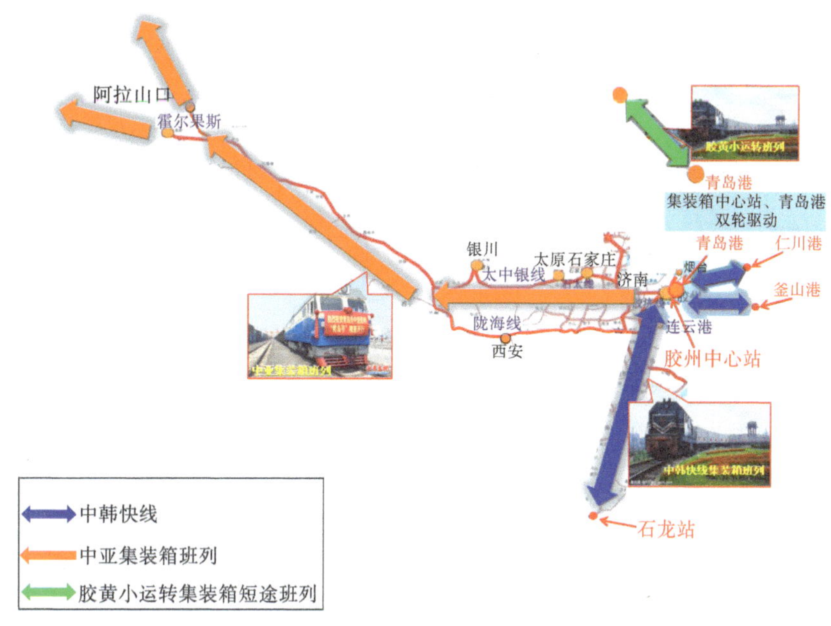

图 3-2 多式联运精品线路示意图

一是“胶黄小运转”集装箱短途班列线路。该线路是中铁联集青岛集装箱中心站与青岛港前湾港区黄岛站之间运行的港口集装箱集疏运铁路骨干线路（即疏港铁路—胶黄线），该线路是铁路轨线延伸至港口前沿的海铁联运无缝衔接的示范典型。青岛集装箱中心站依托“海关多式联运监管中心”的入驻，实现青岛港口岸功能由港口前沿向内陆延伸“前港后站”的一体化运作模式，大大提高通关效率和运输效益，缓解港区集装箱堆存与港区周边的交通压力。2015 年胶黄小运转每列编组 35 节，增加到现在的每列 60 节；2019 年完成 20 万 TEU，较 2015 年增长 53.8%。

二是“中亚跨境集装箱班列”线路。该线路是依托新欧亚大陆桥物流通道优势和青岛集装箱中心站及青岛港为班列编组节点，实现“齐鲁号”中亚国际班列始发、上陆跨境集装箱海铁联常态化运行，已形成中亚、中欧、中韩、中俄、中蒙、中越 6 条国际班列线路。2015 年中亚班列每列编组 40 节，增加到目前的 50～55 节；2019 年完成 4 万 TEU，较 2015 年增长 110.5%。

三是“中韩快线”线路。该线路依托青岛港至韩国港口的海上航线、集装箱中心站到青岛港老港区的集装箱卡车运输和青岛集装箱中心站至广州石龙的对开铁路集装箱班列线。中韩快线特许班列因受铁路运价调整影响，2019 年计完成 7000TEU，较 2015 年下降 33.4%。

青岛港全力推进“一带一路”跨境多式联运的工程项目，已实现多式联运班列线 36 条，其中山东省内达到 23 条，山东省外有 8 条，过境的班列实现了 5 条，构建了“覆盖山东、辐射沿黄、直达中亚”的横贯东西“海铁联运物流大通道”。2017 年实现了海铁联运 77.6 万 TEU，同比增加 60%，在全国排名首位。

青岛港在山东省内致力实现内陆港全覆盖，在省外，致力于与郑州、西安、乌鲁木齐、宁夏、甘肃、青海等内陆枢纽城市或重要省份联手建设海铁联运中转基地。2018 年，青岛港海铁联运完成操作箱量超过 100 万 TEU，同比增长近 50%，成为中国沿海首个突破百万标准箱大关的港口，连续 4 年保持全国第 1 位。

2016—2018 年，青岛港港口吞吐量、集装箱吞吐量、海铁联运集装箱量分别从 2016 年的 5 亿 t、1805 万 TEU、50.1 万 TEU 增长至 2018 年的 5.4 亿 t、1931.5 万 TEU、115.4 万 TEU，均位居全国主要沿海港口前列。

4. 连云港港

连云港港位于江苏省的东北端，是江苏省的最大海港、苏北和中西部最经济、便捷的出海口、新亚欧大陆桥东桥头堡。连云港港在探索集装箱多式联运方面有多年的业务积累和经验，海铁联运业务于 1992 年起步，是国内较早开展海铁联运的港口。

在“一带一路”倡议深入实施、陆桥沿线国家加深合作的新形势下，根据自身发展实际和未来走势，以新亚欧大陆桥大通道为依托，创新构建“一平台、三支点、四线路”的多式联运格局，开展以港口为核心枢纽的海铁、公铁、海河多式联运模式，最终实现港口枢纽内外多种运输方式的无缝衔接，提升综合效率效益。其中，“一平台”是指连云港港口多式联运平台，“三支点”是指位于连云港的中哈物流基地、上合组织国际物流园和位于哈萨克斯坦霍尔果斯的物流场区。“四线路”是指日韩、东南亚、东南沿海、苏北 4 市分别至连云港—霍尔果斯/阿拉山口—阿拉木图。

近年来，连云港港海铁联运业务发展迅速，2016 年连云港港的集装箱吞吐量达到了 400 多万 TEU，海铁联运集装箱吞吐量达到了 20 多万 TEU，2017 年完成集装箱海铁联运量 25.7 万 TEU，同比增长 33.55%，占港口集装箱吞吐量的比例为 5.45%；累计开行海铁联运班列 12 条，其中国际线路 4 条，自营与合作场站数量为 9 个。

5. 宁波舟山港

近年来，宁波舟山港充分利用自身资源优势，积极打造海铁联运业务品牌，与沿线城市积极开展业务合作，实现互惠共赢，集装箱海铁联运业务规模突飞猛进。宁波舟山港集装箱海铁联运量从 2009 年的 0.17 万 TEU 稳步增长到 2016 年的 25 万 TEU，而后进一步快速攀升到 2018 年的 60.2 万 TEU，占港口集装箱吞吐量比例提升至 2.3%，位列全国第 3，成为我国南方海铁联运第一大港。

宁波舟山港积极推进内陆各业务点至港口的物流通道建设，海铁联运业务辐射 15 个省（区、市）49 个地级市，其中浙江省内 11 个地级市里已覆盖 8 个，常态化运行海铁班列 16 条，基本形成北接古丝绸之路、中汇长江经济带、南攘千里浙赣线的 3 大物流通道。精品长途班列渝甬海铁班列每周 3 班，义乌海铁班列每天 3 班，成为城际精品班列，是全国最大规模的外贸海铁班列；经过多年培育，基本形成宁波舟山港海铁联运品牌效应，为附加值较高、时效性要求强、批量大、集中出货的光伏产品、汽车配件、电子产品、白色家电、户外家具等 5 大类客户群体提供物流方案和海铁产品。

创新优化联运模式。一是发展“最后一公里”甩挂运输。该模式主要应用在港内海铁箱查验箱甩挂运输，可有效减少车辆场站等候时间、提高车辆周转效率、节约运输成本，同时也节省了车辆购置费、运输费用。二是运作点对点循环班列。宁波舟山港加强与中国铁路上海局集团合作，先后运作义乌、金华、绍兴、萧山、湖州、长兴、合肥等点对点循环班列，稳定货物运输时间，有效提高班列运行效率，深受客户称赞。2018 年下半年起，义乌单日发送重列稳定在 3 班，连续刷新月度箱量历史记录，单月突破 1 万 TEU，成为全国最大的海铁联运外贸班列线路。

积极做大做强联运产品。一是打造首个双层集装箱运输。2018 年，宁波舟山港与中国铁路上海局集团在双层运输上深度合作，上海路局对北仑港站至皋埠站沿线铁路进行改造，解决隧道限高、电气化铁路的接触网高度等问题。同时，积极开发进口石英砂小箱货源，后又新增水泥熟料小箱货源。2018 年 12 月 18 日，宁波舟山港北仑港站至绍兴皋埠站海铁联运双层集装箱班列成功首发，相比于一般铁路运输，最大可提高铁路运输能力 38%，海铁联运实现了高运能、新模式的突破。2019 年 7 月 11 日，双层集装箱运输成功开行第 100 列。这是国内首次海铁联运双层集装箱运输，对于穿山支线、甬金铁路或其他港口城市开通海铁联运双层集装箱运输具有重要的实践意义和示范作用，也为今后探索双层高箱集装箱运输奠定技术基础，如图 3-3 所示。二是铁路箱下水出境。在铁路部门的支持指导下，2019 年顺利运作铁路箱下水出境项目。铁路箱在内陆工厂装货完毕后，铁路运输至港口，通过口岸货代订舱、报关放行后装海船出口国外。三是开展冷链运输及直供电运行试验。2017 年开通“宁波—成都”进口冷链海铁专列，实现“一站式”全程物流服务服务。客户的冷链货物从美国通过海运进口至宁波舟山港，再用铁路运输抵达成都，实现“门到门”全程配送服务，每个柜子的运费比传统方式节省至少 1000 元。2019 年上半年又成功开通“宁波—绵阳北”“宁波—漯河”“宁波—圃田”进口冷链海铁专列，为客户提供了宁波口岸至中西部地区的海铁冷链物流新通道。2018 年 9 月下旬，在中国铁路上海局集团的大力支持下，宁波北站至萧山站机车直供电冷藏箱开展运行试验，为顺利运作冷链运输直供电夯实基础，如图 3-4 所示。

图 3-3　宁波舟山港绍兴双层集装箱班列首发

图 3-4 冷藏集装箱运输及冷链运输直供电运行试验实景图

6. 深圳港

深圳港是华南的国际航线枢纽港口，其东部的盐田港区借助区内海铁联运网络线密集的特色，建立国际海铁联运接驳服务的核心节点，构建深圳—重庆—欧洲亚欧铁路的物流运输大通道，从而实现铁路和海运的无缝链接。

深圳港是以国际贸易货物运输为主的全球第 4 大集装箱港口。深圳港已开通了湖南、四川、重庆、江西、云南等省市及广东省内的一些主要城市和地区点对点的海铁联运线路，但港口海铁联运基数很小，低于全国港口海铁联运的平均水平。深圳东、西部港区分别有平盐、平南（头）两条铁路支线在广深铁路平湖南编组站与广深、京广、京九等铁路主干线衔接贯通，其中平盐铁路于 1993 年建成通车，是盐田港区专用疏港铁路。

近年来，深圳港紧抓“一带一路”发展机遇，努力构建功能完备的国际航运枢纽。2017 年，深圳港开通的国际班轮航线达到 226 条，以欧美航线为主，3 大联盟航线超过 100 条。同时，大力推进海铁联运发展，积极优化集疏运体系，已经将海铁联运线路延伸至江西、湖北、湖南、云南等地，先后开通了深圳到重庆、韶关、常平、长沙、成都、昆明、武汉和贵阳等 15 条海铁联运线路，引导货主采用水路和铁路等更为环保的运输方式。

2017 年深圳港完成集装箱海铁联运 12.7 万 TEU，占港口集装箱吞吐量的 0.5%，深圳盐田港开行首趟深圳至明斯克中欧班列，成为全国唯一一个连通“一带一路”的一线城市。

7. 上海港

上海港发展集装箱海铁联运起步于 20 世纪 90 年代，从 1996 年首次开行定点、定线、定车次、定时、定价的国际集装箱“五定班列”。目前上海港已经开通了至南京、成都、合肥、西安、重庆、温州、宁波、昆明等城市的“五定”班列。

上海芦潮港集装箱中心站是铁道部全路18个中心站中第1个建成的。芦潮港铁路集装箱中心站位于上海市规划建设中的浦东海港新城芦潮港镇，距离洋山深水港32km，距离浦东国际机场37km，距离虹桥国际机场80km，于2005年12月1日正式投入营运，紧邻物流园区，采用纵列式布置。上海芦潮港中心站总面积约67万m^2，其中后方堆场面积约33万m^2，拥有4束8股铁路线，并配备主附2个集装箱堆场和1个大型冷藏区。整个车站可以容纳4列火车在站内同时装卸集装箱。

上海新建的浦东铁路是我国沿海铁路和上海铁路枢纽的重要组成部分，其在上海行政区域内的主要服务范围为浦东新区、南汇区、奉贤区。浦东铁路北面可通过沪通线与宁启线、新长线衔接，南面通过沪乍线与乍嘉线、华东南北二通道贯通，逐步形成沿海大通道的格局。芦潮港铁路站如图3-5所示。

图3-5 芦潮港铁路站

然而，由于种种原因，上海港的海铁联运发展依旧缓慢，其海铁联运占比仅为0.3%，与欧美发达国家港口海铁联运占比差距明显，完全不符合上海港作为世界第一大港所应有的完善的集装箱物流疏散网络地位。同时，铁路没有直接进港，导致海铁联运作业效率较低。上海港主要由外高桥港区和洋山深水港区组成，但是两个港区都不通铁路，尽管有着潮芦港铁路集散中心转运港区集装箱，但来回都需要用货车装载运输，集装箱运输效率难以提高，也延长了集装箱疏散时间，增加了上海港集装箱物流运输成本，大大削弱了上海港作为国际航运中心的竞争力，成为制约港口集装箱海铁联运吞吐量进一步增长亟待解决的难题。

8. 营口港

营口港是我国距俄罗斯最近的深水港，也是我国经满洲里过境连接西伯利亚大铁路最近的港口。营口港正成为“一带一路”东线水陆转运的最大中转站和中欧物流运输重要的枢纽港。营口港是全国排名前10位以内的亿吨大港，也是东北地区内贸集装箱枢纽港。营口港积极融入国家“一带一路”和“东北老工业基地全面振兴”建设，发挥自身既在“带”上、又在“路”上的优势，提出了“TEU”发展方略，推动营口港从过去的终点港向“一带一路”中转港转变，从码头运营商向境内外全程物流集成商转变。

为了获得更好的运输效益，营口港采用“阶梯班列”运营方式，在莫斯科—新西伯利亚—叶卡捷琳堡线对接俄罗斯国内班列，分段揽取、汇总俄罗斯的板材、石棉等货源。运距优势、市场化运作的低成本和高效率、班列“实去实回”等因素使得每个标准集装箱的综合运输成本压缩约2500美元。在营口港的规划布局中，波兰、捷克斯洛伐克、匈牙利等国的铁路货运公司和港口都将是物流节点以及“营满欧”班列的中转站、服务区和集散中心。

从2015年开始，营口港和辽宁沈哈红运物流有限公司（以下简称“沈哈红运”）积极响应国家“一带一路”倡议，开行“营满欧”中欧班列。在2016年和2017年前10个月内，以沈哈红运为经营主体的“营满欧”国际班列量曾一度占满洲里口岸出境箱量的46%以上，成为全国唯一没有政府补贴但业务量持续增长的中欧班列线路，并成为东北地区唯一一条被中国铁路总公司纳入中欧班列运营体系的线路，累计开通12条“营满欧”中欧国际班列线路，连接俄罗斯和欧洲等境外5个国家9个城市，班列密度最高达到每周9列，彻底打通了中欧班列的北通道，如图3-6所示。

沈哈红运创造性地通过合资公司的形式将多式联运链条的上下游企业打造成多式联运业务的利益共同体，协调公、铁、水不同运输区间的实际承运人资源，建立现代企业管理制度和混改企业运营机制，构建更加开放、市场化和融合程度更高的多式联运服务体系和高效快捷的运输组织模式。

图 3-6 以沈哈红运为经营主体的“营满欧”中欧班列

营口港在 2008 年开始发展海铁联运业务，目前呈现良好的发展势头。海铁联运总量在 2010 年率先突破 30 万 TEU。营口港依托陆路国际大通道创建了“东南沿海—营口—欧洲”的“一主四辅多支点”的多式联运大通道，如图 3-7 所示。营口港在 2016 年已开通 6 条中欧班列的基础上，新增开行了营口港至莫斯科霍夫里诺、新西伯利亚至营口港、沈阳至叶卡捷琳堡、直达莫斯科的冷藏集装箱班列等，共计开通 12 条中欧班列，与境外 5 个国家的 9 个城市实现了互联互通，成为我国港口节点开行中欧班列数量最多的港口企业。

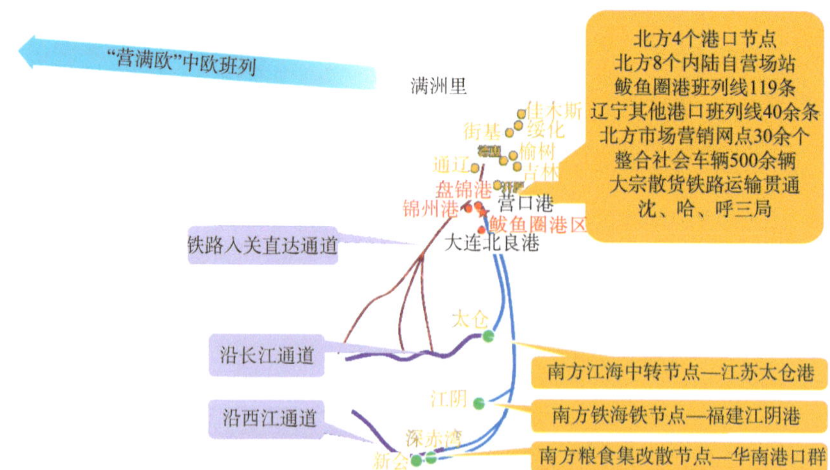

图 3-7 沈哈红运多式联运大通道和物流服务网络布局

依托营口港繁密的集装箱班轮航线和班列密度优势，在北方有效实现了班列与班轮的有效衔接。沈哈红运在南方沿海沿江建立了太仓、福州、广州等口岸场站或物流中转基地，以太仓港为支点建立江海联运的粮食“集改散”长江通道、以福州港为支点建立海铁联运的东南沿海通道、以华南港口群为支点建立江海联运的粮食“集改散”西江通道，全面对接华东华南主要港口并向其内陆腹地辐射延伸，从而初步构建了以营口港为核心支点的联通海铁、纵贯南北的“轴辐式”多式联运大通道和物流服务网络布局。同时，为促进业务发展，开辟了以铁路整车为主的入关粮食通道。营口港海铁联运班列如图 3-8 所示。

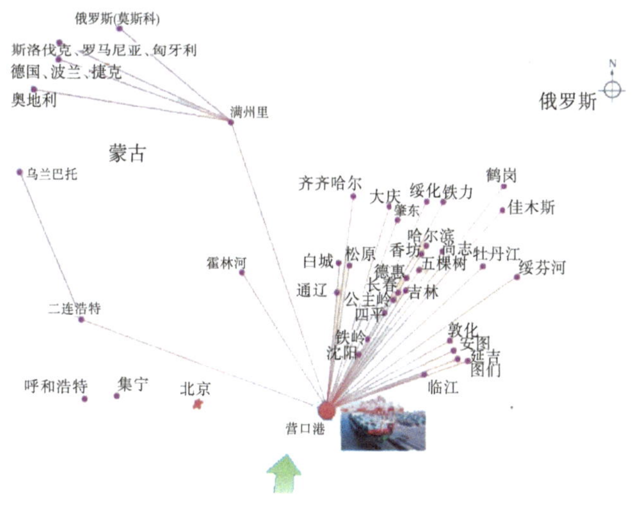

图 3-8　营口港海铁联运集装箱班列示意图

自 2016 年以来，完成集装箱海铁联运量年均增长率为 30.5%，见表 3-2。2017 年营口港完成海铁联运量 72.2 万 TEU，同比增长 37.3%，占港口集装箱吞吐量比例为 11.5%，成为我国第 1 个该比例超过 10% 的港口。

海铁联运年度箱量统计表（鲅鱼圈港区）　　表 3-2

年　份（年）	海铁联运量（万 TEU）	同比增幅（%）	占营口港集装箱吞吐量的比例（%）	东北地区占比（%）	全国占比（%）
2016	42.85	25.0	7	53.1	15.6
2017	60.18	40.4	10	63.1	17.3
2018	76.26	26.7	11	68.9	16.9

车船直取模式，海铁联运换装效率高。“营满欧”大陆桥业务得到了铁路与

当地海关的高度重视和大力支持。港口车厢的调转使用，保障有力。因腹地货源结构因素决定，营口港进港卸空车厢充足，可保障发往欧洲的集装箱第一时间装车发运。沈阳铁路局对营口港大陆桥业务给予了重点支持，目前到港的大陆桥集装箱基本实现了“卸船直取装车发运”。营口及满洲里口岸海关、商检等职能部门支持力度大，通关环境好、效率高，大陆桥集装箱实现了“直通关、直发车”。“车船直取”模式平均装1列车所需时间为2.5h；而在车皮、港口和装卸设备保障有力情况下，装1列车仅需1.5h，装车效率大大高于全国铁路作业场站和海铁联运换装场。车船直取模式如图3-9所示。

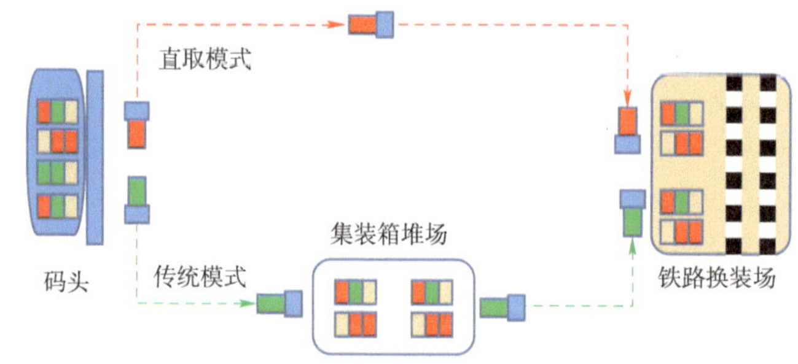

图3-9 “营满欧”运输业务集装箱直取模式

三、典型集装箱海铁联运站场

在海铁联运过程中，港口与铁路运输衔接点就是海铁联运站场，主要作业就是转运路港之间的集装箱，在其中起到运输组织与管理、中转换装、装卸储运、多式联运、通信信息和辅助服务的作用，是集装箱物流重要物质条件和必要基础。到目前，按照国家铁路发展规划，与港口衔接的大连、青岛、天津、深圳等集装箱中心站已陆续建成投入使用，装卸线均具备整列到发的条件，并配备有先进的集装箱站场管理信息系统和集装箱专用门式起重机、集装箱正面起重机等大型集装箱装卸设备，向社会提供集装箱直达班列运输、零散发运、装卸、堆存、掏装箱、货物仓储及站到门、门到站等物流服务。

1. 大连港海铁联运站场

大连港海铁联运业务在“一带一路”背景下快速推进。海铁联运枢纽设施，已形成了以大窑湾港区和大连铁路集装箱中心站为主，以大连湾港区为辅的海铁联运布局格局。

大连港核心港区建设不断完善，为了进一步加强海铁联运建设，连港加快实施大窑湾、长兴岛、大连湾、太平湾“一岛三湾”的战略布局，将完善核心港区作为主要工作。港区每年大概新建设20个码头投入使用，年度吞吐量超过2亿t。

作为海铁联运枢纽设施的重要组成部分，铁路的发展一直跟随港口同步完善。大连港集疏运铁路直接延伸至码头前沿，实现海铁联运作业无缝衔接。集装箱港区现共有铁路道线18条，总长度1.6万m，距码头前沿最近距离仅500m，可实现车船直取作业。铁路集装箱作业场站，位于大窑湾保税港区，是全国最大、东北唯一的“港口型”中心站，总面积110万m^2，周界长度约25km，集装箱班列年作业能力达到95万TEU。2010年，大连港与中铁联集合资建设的大连铁路集装箱中心站投入使用，项目投资总额7.12亿元，占地面积约1743亩（约合1.162km^2），距码头前沿仅1km，位于金窑线金港站与大连国际集装箱码头之间，是我国唯一与港口无缝衔接的港前站，年作业箱量超过20万TEU。通过大连中心站可与大窑湾港区各集装箱码头实现海铁联运无缝连接，大连集装箱中心站主要承接海铁联运及重集装箱货物运输。大连港海铁联运站场如图3-10所示。

图3-10　大连港海铁联运站场图

自2010年投入使用以来，中心站班列箱量实现快速增长，仅用3年时间即突破10万TEU大关。中心站也是大连港唯一的中欧班列作业站场，全部中欧班列线路均在中心站进行装卸作业。作为东北地区唯一纳入国家“一带一路”总体规划的港口，近年来大连港大力开展亚欧国际物流大通道建设工作。自2013年7月开通首列中欧过境班列以来，大连港先后与俄铁、德铁、中铁总、中远海运等重点企业合作，共同打造以大连港为枢纽的过境班列公共平台和服务品牌。

为了贯彻落实新一轮的东北振兴发展战略，大连港积极加强与铁路部门的合作，通过自主投资、租赁经营、业务合作等模式，积极开展内陆枢纽站场和网络节点布局。目前，大连港已经初步形成以沈阳、长春、哈尔滨、通辽为核心的“4 大中心、12 个站场、31 个站点”的内陆布局，覆盖东北地区 50 余个站点，加强与东北腹地、欧洲各国的交流与沟通。大连港自己投资经营的沈阳内陆港现在已经是全国最大内陆港，年作业量在 10 万 TEU 以上，可为客户提供从码头延伸至内陆的全程一体化综合物流服务。

2. 天津港海铁联运站场

近年来，天津港大力发展海铁联运，建成了京津冀地区最大的集装箱铁路中心站，现已在天津港集装箱物流中心内规划建设了占地 80 万 m^2 的天津港集装箱海铁换装中心。天津港主要港区码头都有铁路路网布局，基本形成了圈环形环港铁路路网，并且在港区外有大型列车编组场站。铁路新港站建在天津港内，与新港编组站、塘沽站距离很近，可以实现整列到发，以及集装箱和超限货物的发送。

推进港口基础设施建设，通过多年的开发建设，天津港逐步形成集装箱、矿石、煤炭、原油、LNG、钢材、设备、汽车、散粮、邮轮旅客等多元化货源结构，具有完备的基础设施和高效优质的港口作业服务水平，能够满足多样化物流服务需求。天津港作为世界等级最高的人工深水港，码头和航道等级达到 30 万吨级，能够接卸世界上最大的集装箱船舶，为做大海铁联运规模提供了广阔市场空间。2017 年，天津港完成货物吞吐量 5 亿 t，集装箱吞吐量突破 1506 万 TEU。

天津港集团先后推进建设集装箱物流中心、港口铁路中心站、陆桥换装服务堆场等专业化园区和场站，不断完善装卸、仓储、运输、查验、保税、配送、贸易等服务功能，为海铁联运客户提供更加全面的综合物流服务。同时，重点加快推进铁路新港北集装箱中心站各项物流功能建设，在海关、检疫部门的大力支持下，同步完善中心站监管功能，积极打造天津地区多式联运监管中心和国检试验区。

天津铁路集装箱中心站依托天津港，服务于华北、西北广大地区。由既有北环线北塘西站至东疆保税区，沿途经天津市滨海新区、天津经济技术开发区、天津港。2016 年 6 月底，作为京津冀地区首个海铁联运的综合性集装箱铁路枢纽，中铁天津集装箱中心站正式开通运营。目前中铁天津集装箱中心站拥有 2 条铁路装卸线，年运输能力约为 40 万 TEU，配备了全新的设施设备，大大提高了天津港集装箱海铁联运的运输能力和运输效率。天津集装箱中心站的开通运营，使天津港这个“一带一路”的重要节点，通过铁路网，连接二连浩特、阿拉山口、霍尔果斯、满洲里 4 个过境口岸，进而联通亚、欧，实现了天津港集装箱海铁联运功能布局的全面升级，形成了新的国际集装箱运输快速通道，提升了国内集装箱发运和接卸能力。

天津港集团积极构建物流网络，对外同世界上主要国家和地区的港口建立贸易往来，特别是增进与海上丝绸之路沿线港口之间的协作，不断加强与航运企业紧密合作，加大航运资源保障，为联运货物提供便捷、高效的海上物流通道。对内注重市场组织和延伸服务，辟建以无水港为主要节点的内陆物流网络体系，深化与铁路部门合作，建立联系机制，利用港口、铁路资源及优惠政策，引导货物选择海铁联运方式，有效提升集装箱铁路集疏运规模和比重。

3. 青岛港海铁联运站场

青岛港多式联运发展主要以中铁联集青岛集装箱中心站和青岛港为主要枢纽节点依托。青岛港海铁联运站场如图 3-11 所示。

图 3-11　青岛港海铁联运站场图

青岛铁路集装箱中心站是山东境内唯一的铁路集装箱中心站，位于山东省重点物流园区—山东国际物流港内，是该园区的核心项目。青岛集装箱中心站占地1011亩（约合0.674km^2），总投资为5.25亿元，于2010年8月完成一期建设并正式开通运营，二期工程占地800多亩（约合0.533km^2），于2019年12月投产运营。青岛集装箱中心站建有4条1050m长货物装卸线，可满足整列集装箱班列的到发和散杂货整车装卸作业，主箱场总箱位数2592个，辅助箱区箱位560个，其中冷藏箱位144个。同时，设有中国海关多式联运监管中心，建有海关监管仓库20000m^2，拥有电子智能墙系统、智能卡口系统、视频监控系统、综合管理系统，实现信息化、智能化监管。设有专业箱区、国际箱区、冷藏箱区、待修、清洗箱区等区域，拥有4台起重能力40t的龙门吊机械，配备集装箱正面起重机、叉车、集装箱运输车辆等转运机械设备，整合社会集装箱运输车辆近1000辆。完善的铁路、公路集疏运设施提升了临港铁路场站和港站后方通道能力，为海铁联运提供了坚实保障。2015—2017年的3年时间中心站共完成集装箱作业量98万TEU，较前3年同比增长786.7%。

青岛港区面积165.8km^2，拥有世界最大的40万吨级矿石码头、45万吨级原油码头，世界最大的2万TEU以上集装箱船舶实现常态化靠泊，是中国重要的煤炭枢纽港和沿黄流域最大的散粮接卸基地，拥有停靠世界最大22.7万吨级邮轮的专用码头。前湾港区共有31个泊位，其中包括21个集装箱专用泊位，总堆存能力达40.8万TEU。港区内现拥有疏港铁路3条，铁路货运站黄岛站1处。青岛港内陆港多处。青岛港现有各类机械设备1807台。前湾港区共有集装箱桥吊设备78台，集装箱龙门起重机208台，最大起重能力41t。

为充分发挥“陆海联动、铁水联运”优势，实现中心站与港口海铁“一体化”运作，积极搭建海铁一体化作业服务平台，2014年12月，中铁联集、胶州市政府、济南铁路局、青岛港集团签署四方协议，建立联席会议机制，共同构建陆港联运平台，通过资源共享、互利互惠、优势互补，推进全面战略合作。青岛港派驻作业人员入驻中心站合署办公，货物进入中心站即视为抵达码头前沿，可一站式办理铁路运输、船舶配仓、货物集港、报关报检、码头、铁路结费等全部海铁联运业务，极大推动了多式联运发展。

建成全国首家内外贸混合作业海关监管中心，创新多式联运监管模式，2014年3月19日，青岛海关正式批复青岛中心站设立海关监管场所，建设围网面积1000亩（约合0.667km^2），青岛市政府已将其纳入青岛自贸区总体规划范围。2014年12月11日，海关总署正式批复中心站海关监管场所为全国第2家、沿海首家“青岛多式联运海关监管中心”，并将其作为全国多式联运示范区，打造一处具备铁路运输、通关、转关、查验、过境、转运、直通监管、跨境电商集散和保税仓储、集拼、简单加工等功能的新型海关特殊监管区。海关总署表示支持“青岛多式联运海关监管中心”规划建设，支持进行海关监管模式的探索创新，复制上海自贸区新政，确立沿黄流域“九省十关”区域通关一体化改革龙头地位，构建海陆双向通道无缝衔接。中心站积极配合海关深入调研、科学规划建设了智能化电子墙监控系统、箱区箱位自动识别系统、铁路卡口监管系统、直通场站综合管理系统等全国一流软硬件设施，通过先进的智能化管理系统创新实现全国首家铁路中心站整站监管和内外贸混合作业监管模式，有效降低企业物流成本，减轻企业负担。

4. 连云港港海铁联运站场

连云港港海铁联运主要依托连云港港区以及中哈物流基地、上合组织物流园重要物流节点，借助港内集装箱甩挂运输线路，建立泊位—码头集装箱堆场—物流节点间的港口多式联运平台。

连云港港已经形成一体两翼的港口布局，中间是连云港区，南翼是徐圩、灌河港区，北翼是赣榆港区，全港共有万吨级及以上经营性生产性泊位67个，码头岸线长约19.5km，综合通过能力1.75亿t，最大靠泊等级25万吨级。连云港港口总体布局和连云港港节点场站，分别如图3-12和图3-13所示。

中哈物流基地作为“丝绸之路经济带”建设的首个实体平台，项目建设共分三期，一期、二期项目在中哈物流基地建设落实，三期项目在上合组织物流园建设落实。中哈连云港物流场站主要经营国际多式联运、拆装箱托运、仓储等国际货物运输业务，项目位于庙岭作业区后方，毗邻集装箱和散粮泊位，北侧为陇海铁路，周边多条疏港道路相连，集疏运条件便利。根据合资协议及公司章程，合资公司的注册资本 4.2 亿元，将由连云港港口集团出资 51%（约 2.14 亿元）和哈铁快运公司出资 49%（约 2.06 亿元）共同建设，首期工程总投资 6.06 亿元，规划建设集装箱堆场 20 万 m^2、1763 个集装箱位，拆装箱库 2.3 万 m^2。堆场铁路专用线 3.8km，日均装卸能力 10.2 列，年最大装卸能力 41 万 TEU。中哈物流基地建设情况如表 3-3 和图 3-14 所示。

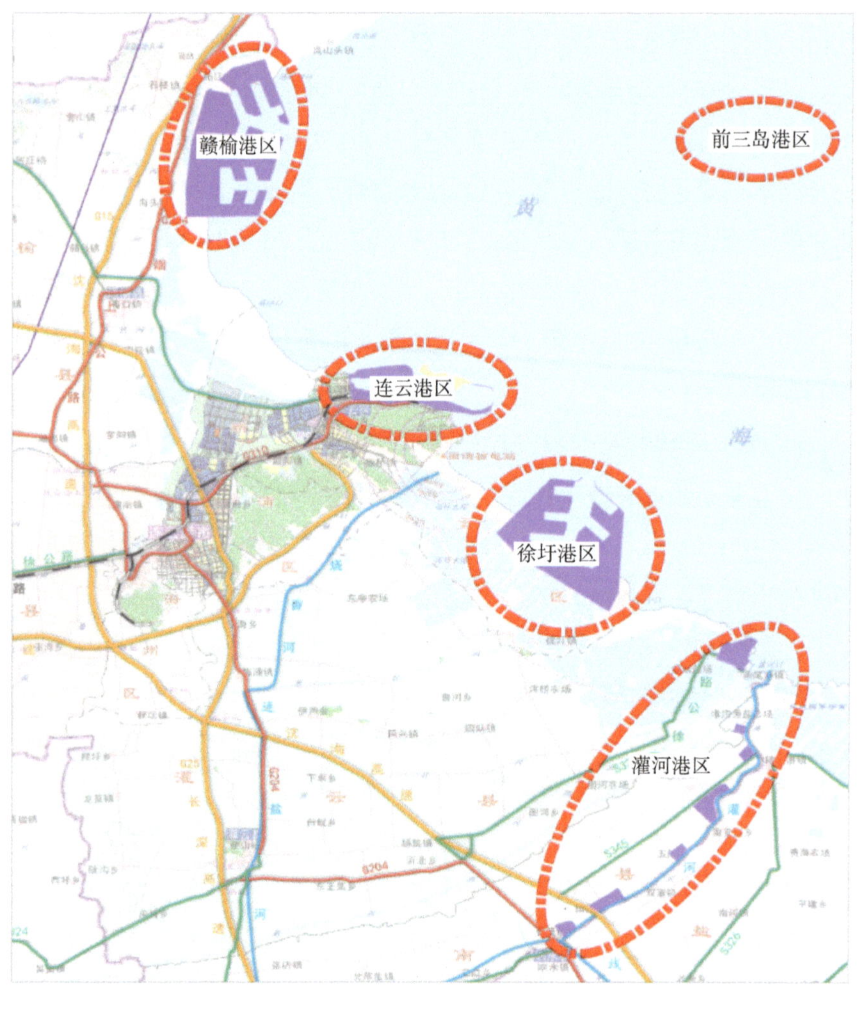

图 3-12 连云港港口总体布局

图 3-13　连云港港节点场站分布示意图

中哈物流基地项目建设规划　　表 3-3

项 目 名 称	投资额（亿元）	功　　能
一期项目（已建成投产）	6	主要经营多式联运、拆装箱托运、仓储等国际货物运输业务
二期项目	4	为哈国等农产品出口提供港口装卸、仓储等配套服务，同时着眼于哈国牛羊肉出口和我国海产品出口
三期项目	20	拟在上合组织物流园内与哈国合作建设铁路装卸场站、保税仓库以及大宗散货交易中心

图 3-14　中哈物流基地

上合组织物流园作为“一带一路”交汇点建设的重要实体平台，规划面积 $22km^2$，拟调整为 $44.94km^2$，如图 3-15 所示。上合组织（连云港）物流合作基地是中亚—环太平洋沿岸国家和地区间的货物转运中心，融入长江经济带、建设上合组织成员国出海口和“一带一路”交汇点的重要承载平台。上合组织物流园距连云港港区 5km，通过东疏港高速公路直接相连，货物通过东疏港隧道进入物流园，相对于在港口周边存储，可缩短与港区的距离，有利于降低短途运输成本。

图 3-15 上合组织物流园规划图

为落实“一带一路”倡议，连云港正加快上合组织物流园建设步伐。上合组织物流园已完成园区一期、二期 $5km^2$ 道路市政建设配套，内河港区部分泊位，保税物流中心一二期，中心货运站一期等项目开发，并实现部分试投产运行，累计完成投资超过 56.6 亿元；基本完成园区三期、四期中内河港二期和三期、铁路专用线及中转区、商务中心部分加工增值服务项目的规划研究工作，见表 3-4。

上合组织物流园建设项目 表 3-4

项目名称	项目进展情况	主要服务内容
连云港港中云台国际物流园专用铁路工程	已完成项目工可，通过上海铁路局技术初审	具有集装箱铁路装卸功能
连云港港中心货运站项目（内含集装箱甩挂中心）	一期项目已经建成	依托货运站的基础条件，在货运站内建设集装箱甩挂运输中心，开展集装箱拆拼清洗、货品简单加工和包装等业务和增值服务

续上表

项目名称	项目进展情况	主要服务内容
连云港保税物流中心	一期、二期项目已建成投运	中心内的企业除了可以从事保税储存、简单加工和增值服务、全球采购和国际分拨配送、转口贸易和国际中转等业务外，还享有国外货物进入中心暂缓征税，国内货物进入中心视同出口，企业可办理出口退税手续等优惠政策
连云港内河港中云台作业区	一期码头已建成投运	为海河联运业务服务

上合组织物流园，是中亚地区未来东向出海通道上的重要货物集散地，铁路集装箱场站可以在中哈物流基地满负荷运营后，承接中亚班列常态化运行的后续发展需求，将会在较短时期内打造“一带一路”交汇点。

5. 宁波港海铁联运站场

宁波港是我国东部沿海重要的深水良港之一，也是我国重要的国际资源配置中心之一。2000年以来，宁波港一直保持在我国第2大港的地位，2018年，宁波舟山港完成货物吞吐量7.76亿t、集装箱吞吐量2794万TEU，实现货物吞吐量排名实现“十连冠”，集装箱吞吐量跃居全国第2、全球第3，是我国大陆主要的铁矿、原油、液体化工、集装箱中转储运基地和华东地区主要的煤炭中转储运基地。

宁波铁路集装箱中心站位于宁波市北仑区郭隘，项目投资约10.5亿元，是全国铁路18个城市集装箱中心站之一。主要功能为负责宁波地区产生的集装箱装卸作业，港区部分集装箱调车、倒箱作业，特货（小汽车）、快运行包装卸作业，并根据集装箱流向与相关集装箱中心站组织集装箱班。目前，宁波铁路集装箱中心站规划到发线兼调车线10条，近期建设5条（包括正线），北侧设置集装箱作业区，设有1个线束装卸线，包含4台门式起重机；南侧为快运行包作业区，近期正在建设2台门式起重机和2个线束装卸线。集装箱堆场设有主箱场和辅助箱场。主箱场分为到达箱区和发送箱区两部分，辅助箱场分为国际箱区、空箱区、特种箱区、冷藏箱区、清洗箱区、备用箱区6部分。集装箱列车机车采用

HXD3 电力机车，调机采用东风 7 型柴油机车。宁波铁路集装箱中心站大大提高了铁路货运服务水平，推动了宁波港集装箱海铁联运发展。

为进一步加快宁波舟山港海铁联运发展，不断提升基础设施建设运营能力，宁波港在以下方面开展工作。一是提升镇海港区铁路集装箱作业点能力。镇海港区主要从事内贸集装箱、煤炭、液体化工、件杂货等货物装卸业务，有 2 条集装箱铁路作业线（M1、M2 道），2016 年新增 1 台轨道式集装箱龙门起重机。目前，镇海港区铁路集装箱年作业能力达到 20 万 TEU。二是改造宁波舟山港北仑港区通用泊位及配套港区铁路。2015 年底至 2017 年，将原北仑港区 1 号、2 号煤炭码头改造为 5 万吨级多用途泊位，设计年吞吐量 280 万 TEU，可停靠 5 万吨级集装箱船与 4 万吨级杂货船。2017 年完成通用泊位配套港区铁路改造，2019 年上半年通用泊位改造开工。将原 5 万吨级通用泊位改建成 1 座 10 万吨级专业集装箱专用泊位，改造后码头年设计通过能力 63.6 万 TEU；港区利用原堆场改建为 19.83 万 m^2 的集装箱堆场；对铁路装卸区内 6 条集装箱作业线路投资近亿元完成改造，年作业能力增加 43.2 万 TEU。三是推进穿山港站配套工程建设。穿山港站设于北仑区白峰镇，在宁波穿山港集装箱作业区南侧，办理穿山港区和大榭港区集装箱作业。穿山港铁路支线工程于 2015 年 12 月正式开工，新建宁波穿山港铁路大碶站至中宅站，正线长约 29.29km，2019 年年底完工，实现铁路直通宁波舟山港最大的“千万级”单体集装箱码头。近、远期运量分别为 51.4 万 TEU 和 78.7 万 TEU，外贸箱占比约 90%，把铁路港站纳入港区监管范围，无缝衔接、统一监管，实现穿山港区集装箱堆场与铁路场站融为一体。

宁波港口的集装箱港区主要为北仑和穿山等港区，具有岸线长、港口码头分散的特征。根据规划，为整合各分散港区资源优势，宁波港集装箱海铁联运最终将形成“一个中心站 + 多条港口支线”的港口铁路枢纽格局，如图 3-16 所示。其中，集装箱中心站有“集中”和“分散”两种设置模式，中心站主要功能由两部分构成：一部分为服务于本地区铁路吸引范围内的集装箱到发量，另一部分为服务于北仑、穿山等港区集装箱海铁联运量。“集中设置”的前提是近期的运量要充足，否则难以克服港点分离集装箱班列到站不到港，驳接距离长、转运次数多和运输成本高等缺点，不利海铁联运的发展。据此，宁波铁路集装箱中心站选择了“分散设置”模式：具有“中心站”规模较小，并视运量增长情况逐步配齐功能的特征，可分三步实施。第一步，要加快建设穿山港口支线项目，深入港区修建较大的穿山港前办理站，实现主要港区通达铁路，落实海铁联运“最后一公里”的重要保障，并兼顾“中心站”整列接发集装箱班列功能，满足近期穿山等港区集装箱海铁联运增长需求。第二步，适时启动建设“中心站”的“作业场”功能。在中心站与各港区港前办理站间开行集装箱海铁联运小运转作业，以满足各港区港前办理站部分不能整列到发箱流的动车或动箱集中发送的需求。第三步，中期建成功能齐全的宁波铁路集装箱中心站。主要是修建一定数量的装卸线及调车线，增加主要服务于本地区集装箱的作业功能。届时，中心站与各港前办理站具体分工是：各港区办理站承担港区到发箱流作业；中心站承担宁波地区其箱流到发和中转通过作业。在部分有条件的港区与地区外运量足够大的点间开行直达集装箱班列，在中心站与各港区港前办理站间开行小运转列车。

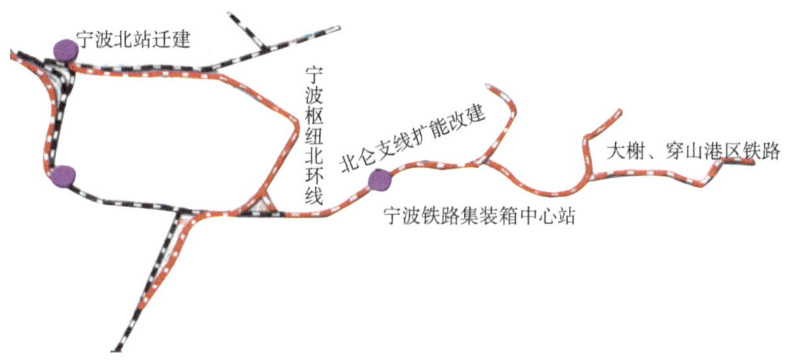

图 3-16 宁波港“一个中心站 + 多条港口支线”枢纽布局

港区办理站与码头实现“港前站”模式的无缝衔接布局。宁波港目前具有集装箱海铁联运功能的主要为北仑、穿山两个港区。其中，北仑港区既有北仑支线自北仑站起线路向北延伸，集装箱装卸场内设装卸线 3 条，最大运能约为 20 万 ~ 30 万 TEU/年，集装箱海铁联运均通过港区内部集装箱运输车辆短驳实现，基本实现海铁联运无缝衔接。本着铁路深入到港口码头作业区，穿山港区港前站与码头的衔接布局规划，主要通过建穿山港铁路支线来实现，其办理站规模较大：主箱场装卸作业区按 2 个线束布置，有效长 850m，满足整列到发条件。初、近、远期运量分别为 34.7 万 TEU、51.4 万 TEU 和 78.7 万 TEU。为减少短驳距离，将车站集装箱作业场靠近港区一侧设置，并将既有白中线（社会道路）改为高架桥通过港区，保证铁路货场与港区真正连为一体，铁水联运的集装箱通过车站与港区码头之间的专用通道联系，以实现“港前站”模式的铁水联运无缝衔接和“一站式”通关，提高铁水联运的运输效率，如图 3-17 所示。

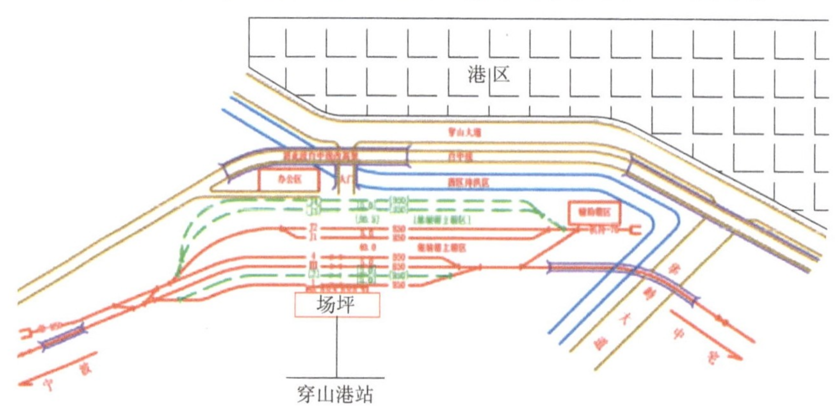

图 3-17 穿山港区“港前站”布置示意图

通过“港前站”，实现集装箱海铁联运业务的信息共享。通过支线港前办理站和中心站的建设契机，加速实现宁波港集装箱海铁联运业务的信息共享网络化建设布局。立足铁路与港口之间的货物、信息、海关等流的无缝衔接，努力实现铁路、港航和码头等信息整合共享；要建立强有力的信息协调机制，致使海铁联运各环节业务信息共享，实现互联互通。

在各方大力支持下，围绕宁波集装箱海铁联运中长期发展规划目标，依托优越的港口、区位、交通、经济优势，加快实施港口后方多通道的大铁路网、“一个中心站多个港前办理站”的港口铁路枢纽和“港站一体化”的“港前站”等三大有机联系的分体系的规划建设，不断完善宁波集装箱海铁联运集疏运体系建设，大力拓展宁波港海铁联运集装箱的优势腹地范围，必将加速宁波集装箱海铁联运的发展，把宁波港建设成为我国重要的海铁联运枢纽。

6. 营口港海铁联运站场

以营口港为支点，依托我国目前沿海港口最大的海铁联运换装场地（海铁联运作业能力 130 万～150 万 TEU），联合东北“三省一区”及华东、华南、环渤海地区主要省份或物流节点城市，逐步发展贯通亚欧大陆桥通道、连接长江经济带和大珠江三角地区的公海铁国际联运服务网络。营口港距满洲里口岸 1613km，是国内铁路距离满洲里口岸运距最短、最便捷的大型港口。营口港距满洲里铁路运输里程比珠三角港口群近 2000 余 km，比长三角港口群近 1000 余 km，比山东港口群近 400 余 km。

营口港由营口港集团负责经营管理，现辖营口、鲅鱼圈、仙人岛、盘锦和葫芦岛绥中 5 个港区，陆域总面积 112km^2，生产性泊位 103 个，其中 30 万吨级泊位 2 个，其中鲅鱼圈港区是营口港集装箱和多式联运发展的主要港区。营口港鲅鱼圈、仙人岛港区规划图，如图 3-18 所示。

近年来，营口港集团大手笔投入建设了生产规模、管理系统都处于全国先进水平的集装箱专用码头，开通了东南亚外贸航线和全国第一条南北集装箱天天班航线。营口港鲅鱼圈港区集装箱作业现投入 8 个泊位 2460m 岸线，前沿水深 15.5m，配置 20 台岸桥，后方堆场约 150 万 m^2。“十三五”期间，根据发展需求，陆续将南部顺岸 59 号~63 号泊位及后方堆场改造以适应集装箱作业。营口港鲅鱼圈集装箱作业区，如图 3-19 所示。

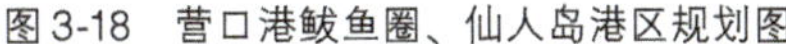

图 3-18　营口港鲅鱼圈、仙人岛港区规划图

图 3-19　营口港鲅鱼圈集装箱作业区

营口港在鲅鱼圈建港之时就非常重视多式联运的发展，不仅大手笔投入建设了生产规模、管理系统都处于全国先进水平的集装箱专用码头，而且在港区内规划了大面积的海铁联运集装箱作业场站，并且非常重视内陆海铁联运场站建设，这些为目前营口港海铁联运的发展打下了坚实的基础。铁路场站能力建设和换装设备作业效率是海铁联运发展的基础设施支撑。港区铁路换装场和港口码头业务

基本实现无缝衔接，无论是海特联运换装能力还是内陆场站作业能力，沈哈红运多式联运依托的基础设施都遥遥领先于国内同行。

为提高“东南沿海—营口—欧洲”示范通道在营口港的节点换装能力，将港区内已有的备用海铁联运换装场通过改扩建，建设“中俄国际集装箱物流园区”，形成国际通道专用换装设施，营口港投资建设并交付沈哈红运使用的港区内物流园区使用面积约为50万m^2，其中集装箱场站硬化面积32万m^2，铁路专用线7条，每条道线一次最大作业能力60车，每条作业线长1050m，所有道线有效长度共计7000余m；另建成预留集装箱场站含6条专用线。港区集装箱场站是营口口岸规模最大的集装箱货运站，拥有先进的生产信息系统和专业管理人员。园区配备6座自有平房仓库，共计22000m^2，最大仓容能力6万t。公司在港口拥有和可使用的龙门吊、正面吊等集装箱班列专属吊具30余台，散粮装箱设备25台，可调动使用的倒运车辆达到60多台。营口港鲅鱼圈港区海铁联运换装作业区如图3-20所示。园区经营范围和服务能力包括国际班列装卸、货物装拆箱、货物仓储保管与物流分拨、集装箱堆存、集装箱和货物查验、报关报检、公铁水货运代理、更换包装与唛头增值服务、集装箱清洗与维修、保税、港口业务咨询服务等，对园区生产与物流信息管理系统升级，实现与口岸关检、铁路、船东、码头等外部联网。随腹地城市与港口及该园区业务发展，适时增加保税业务功能。同时，为满足临港货物其他延伸服务需求，还将逐步增加提供货物流通加工服务、口岸通关一体化服务、综合信息服务等增值物流服务功能。

图3-20　鲅鱼圈港内海铁联运换装场

营口港现拥有包括集装箱在内共计9类货种的专用码头，其中，集装箱码头可靠泊第5代集装箱船。营口港作为北方重要枢纽港，在鲅鱼圈港区已建成全国沿海港口中规模最大（130万m^2）、条件最优（11条1050延长米铁路线）的港内海铁联运换装场，如图3-20所示。沈哈红运作为东北地区重点多式联运企业，昼夜班列装卸量平均为2000TEU（19列），最高纪录为昼夜装卸3620TEU（30列），每列装卸时间4～5h（含装车和卸车）并常年保持稳定；在港内承接国家调拨粮铁路到港“散改集”期间，昼夜接卸铁路散粮车达200车；通过对外合资或业务合作，在东北内陆地区设立多个自营内陆场站，投入7台集装箱正面起重机、若干套皮带机，在内陆整合近500台社会协议车辆。

第三节 存在问题

我国港口集装箱海铁联运发展取得了显著进展，但也存在如下的突出问题。

一、多式联运运量占比偏低

从港口集装箱海铁联运量看，发达国家通常在30%～40%左右，而2017年我国7个主要集装箱港口海铁联运量占比仅为2.9%，即使海铁联运量占比最高的营口港也只有11.5%左右，见表3-5。

2017年我国港口集装箱铁水联运比例 表3-5

类 别	集装箱铁水联运量（万TEU）	港口集装箱吞吐量（万TEU）	比 例（%）	同比增长（%）
全国	347.9	23694（快报）	1.47	0.22
七个主要港口	304.9	10526	2.90	0.51
6条示范线	232.6	9898	2.35	0.37
大连港	41.3	971	4.26	0.02
天津港	35.3	1507	2.34	0.14
连云港	25.7	471	5.45	1.08
青岛港	77.6	1831	4.24	1.58
宁波—舟山港	40.1	2597	1.54	0.38
深圳港	12.7	2521	0.50	-0.18
营口港	72.2	628	11.50	2.86

二、布局缺乏统筹规划

目前，我国港口集装箱海铁联运还缺乏国家层面和地方层面的统筹规划。国家层面缺乏统筹规划，导致了各地各自为战，同质竞争激烈，如我国陇海铁路、兰新铁路沿线地区货源竞争十分激烈，青岛港、连云港、天津港都在积极争取沿线货源，又如各港口开行的中欧（亚）班列，各地都给予了大量财政补贴，这都造成单一港口海铁联运、中欧班列的密度无法加大，使各港都处于吃不饱状态，不可避免产生了同质、低效的竞争，既影响货物运输时效性，一定程度上降低了海铁联运对货主吸引力，又影响了各种资源在港口枢纽的集聚，不利于催生经济新动能。地方层面缺乏统筹规划，主要表现在当地城市规划、产业布局、物流园区布局没能与多式联运枢纽进行统筹规划，枢纽与产业空间布局割裂，各自独立发展，在港口与铁路衔接效率本就不高的情况下又增加了产业与枢纽的衔接问题，还增加了陆路短驳成本，导致地方产业无法对多式联运给予有效支撑，难以形成多式联运与产业互动发展，对地方经济带动力差。

三、全程运输成本优势不明显

在实际运作中，因公路运输便捷程度高、覆盖率范围广、运输时间短，可以为客户提供门到门的服务，因此货主往往优先考虑公路运输。与门到门的公路运输相比，集装箱铁路运输涉及环节多，需要经过港口端提空箱短驳至港站、铁路港站装车、空箱铁路运输、内陆铁路场站卸车、短驳至工厂装箱、短驳至内陆铁路场站、重箱铁路运输至铁路港站、港站短驳至码头的一系列流程，费用构成复杂，因此从以追求利润最大化为核心目标的企业角度，除由于运量较大、装卸场地受限等原因必须选择铁水联运外，只有全程运输价格与公路运输相比具有比较优势，市场才会选择集装箱海铁联运。而在现有条件下，虽然在铁路运输方面国铁集团及各路局集团给予了集装箱铁路运输运价不同程度的下浮优惠，除具备铁路专用线不需要短驳的企业外，对于一般企业来说，加上铁路两端的短驳费用，只有运距在500km以上时，铁路集装箱运输才具有全程价格的比较优势，而在500km以内的中短途铁路运输方面，虽然也有集装箱海铁联运线路在运行，但如果没有各地方政府和港口的补贴和扶持，集装箱铁路运输在价格上与公路运输相比不具有比较优势，见表3-6。此外，公路运价随行就市，灵活性极大，而铁路货运管理层级多，计划刚性大，营销渠道少，运价不能及时根据市场情况进行调整。因此虽然沿海12个省（自治区、直辖市）的水运方式外贸集装箱生成量占到了全国的92.6%，但由于距离港口较近，公路运输十分便捷，且运价相对于铁路较低，因此沿海地区的绝大部分集装箱都采用了运输价格更低的公路运输。

集装箱铁水联运全程运价与公路运价对比案例 表3-6

线路	公路运距（km）	公路港到门运价标准（元/40尺箱）	铁路港到门运价标准（元/40尺箱）
萧山—宁波	160	1650	1810
义乌—宁波	250	3300	3000
成都—重庆	330	4500	3820
沈阳—大连	400	4000	4600
公主岭—营口	480	4400	3755
巩义—连云港	650	4800	5762.5
长春—大连	700	7000	9200
长沙—深圳	800	5000	5928
运城—天津	950	8500	9500
哈尔滨—大连	1000	8000	10200
铜仁—湛江	1000	8465	6165
西安—天津	1150	8501	10500
西安—青岛	1200	9800	8100

四、基础设施衔接协调不够

目前，我国沿海大部分港口铁路已接入码头，但装卸线长度过短，不能做到班列的整列到发，很难发挥铁路班列开行带来的优势；同时许多港口并不能在港区内进行集装箱海铁换装，需要借助公路短驳才能完成码头堆场和铁路站场之间的转运，无法做到车船直取，严重影响海铁联运的效率。此外部分港口仍没有接入铁路，造成港口与铁路衔接的障碍，同时增加额外的操作成本。内陆地区铁路集装箱办理站明显落后，普遍存在经营规模小、硬件条件差、装车时间长、服务能力低，除了最近几年建成的集装箱中心站，均不能满足整列直取直入的作业模式，且内陆铁路集装箱货场海关设施和口岸功能也不完善，不适应集装箱海铁联运的要求。

五、信息互联互通进程缓慢

集装箱海铁联运仍缺乏联运信息共享平台，铁路部门与港航企业之间信息衔接不畅，集装箱海铁联运各环节业务信息公开程度和共享程度不匹配，港航环节的信息比较透明，铁路环节的信息相对封闭。各大型航运企业、港口企业、铁路企业已建有业务信息系统，但都是各自运行，各运输方式内部相关信息系统标准不统一，尚未形成系统化的信息网络，如铁路部门的 TMIS（铁路运输管理系统）与世界通行的国际集装箱运输单证系统及 EDI 报文传输标准尚未统一，而港口企业则采用国际 EDI 报文传输标准开发，极大增加了铁路与港口企业开发接口的成本。港口、航运、铁路、海关、商检等各系统之间相关业务尚未搭建起统一的信息交互平台，信息不能共享，系统不透明，使客户不能随时追踪、掌握货物的实时状况，也使集装箱多式联运承运人难以对客户提供一站式服务，也极大地影响了“一单制”的推广。目前，虽然通过国家集装箱海铁联运物联网应用示范工程的开展，连云港、宁波港等 6 家示范单位不同程度上实现了与铁路部门的信息共享，也编制了 32 项集装箱铁水联运信息交换报文标准，但信息共享的时效性有一定不足，也基本以覆盖当地路局为主，还需要进一步提升，而其他沿海和内河港口在港铁信息共享方面还基本上处于起步阶段，大部分还是通过联合办公或电话、传真等方式传递信息。

六、经营主体严重缺乏

集装箱海铁联运的高效运作需要有一批专业化、规模化的多式联运经营人作为全程运输的责任主体，但目前从事集装箱海铁联运业务的企业主体主要为港口、航运、物流、代理、铁路等企业，绝大多数从事集装箱海铁联运的企业的经营规模、业务范围等都较小，除大型企业如中远海运、招商局中外运、国铁集团等有从事全国性多式联运业务的基础条件外，很多企业不具备提供高质量多式联运服务的能力，绝大多数港口开展集装箱海铁联运业务的经营主体数量仅有几家，铁路危险品集装箱运输代理更是被指定企业垄断，因此，市场选择面较小。此外，我国多式联运的大规模发展涉及海运、海港、铁路运输、铁路货场、公路运输、公路货场、内河水运、内河港口等各种运输方式和环节，由于各主体能力不同，也就造成目前各环节的服务水平仍存在很大差异。例如，与已达到国际水准的海运和海港服务相比，铁路尚未全面实现市场化，公路、内河运输普遍存在市场不规范的问题，小、散、乱现象突出，规模化服务的能力和水平差距较大，经营人对全链条服务水平的控制能力仍十分有限，因此，不仅难以提升整个集装箱海铁联运的服务质量和水平，也难以依托集装箱海铁联运创新运营组织模式、开辟新的利润增长点，十分不利于全行业的可持续发展。

七、铁路运输能力保障仍不能满足港口需求

原铁道部在《中长期铁路网规划》中提出在北京、上海、广州、深圳等 18 个城市兴建铁路集装箱中心站，并且只提供集装箱服务的枢纽中心。到 2018 年为止，这些中心站并未全部建成并投入使用。由于中心站的规划更侧重于铁路的运输组织，其内部联运组织方式、营销功能服务手段、报关报检等方面还不能在提升海铁联运上起到积极作用。

铁路运输存在组织计划性强，市场灵活性差，对市场变化不敏感的特点。海铁联运的集装箱受制于到船期、使用期限等因素，对运输时间节点要求高，而铁路运力紧张的状况在节假日体现得尤为明显，甚至会出现停货保客的情况。我国集装箱进出口主要集中在东部沿海地区，但是这些地区的铁路运力已基本接近饱和，需求与运能矛盾突出。另外，由于中西部地区集装箱货源相对不足，海铁联运集装箱班列的开行无法得到完全保障，造成大量集装箱从船上下来后转入公路和水运等其他运输方式。

八、联运法规标准仍不适应

国内多式联运发展的政策都是一些发展意见文件中的部分内容，没有太多文件是直接针对海铁联运的。目前只有《海商法》《合同法》等少数法律对多式联运进行规定和管理，但是很难对多式联运的宏观发展进行调控，不能发挥有效作用。虽然部分地方政府出台了一些鼓励多式联运的意见或细则，但目前没有从国家战略层面出台相应的法律法规鼓励多式联运的发展，没有建立多式联运的制度环境。同时行业标准适用性不强，与业务场景相脱节，在实践中落不了地。如国际海运标准与铁路标准还存在无法对接的问题。集装箱运输的优势就是便于多种运输方式的换装，从而提高作业效率，达到减少浪费、降低成本的目的。但由于铁路和海运对于集装箱货物安全等级归类、运输装载要求等不一致（例如：棉花、硫黄等海运上不作为危险品货物，但在铁路上纳入危险品货物运输管理范畴；粮食、矿砂等货物海运上允许装入集装箱内运输，但在铁路上一般不采用集装箱运输），造成许多货物到港口后由于铁路规章限制被迫拆箱，更换包装后采用铁路整车运输，或者原箱直接进入公路运输。

九、制度政策环境还有待优化

随着2013年交通运输管理体制改革，铁路运输纳入交通运输部管理，实现了我国公路、铁路、水路、航空的大交通管理格局。但是，真正实现铁路运输与水路运输的体制融合尚待时日。另外，进出口集装箱的海铁联运涉及海关、检验检疫等监管部门，不同政府主管部门的管理规定、管理方法、管理手段、系统运行等不尽相同，须经历货物检查、交接、报关、查验、征税、结汇、退税等烦琐手续，港口、铁路、海关、边检、代理、场站等部门一旦出现协调配合不接续，均会影响到海铁联运整体物流效率。

譬如，海铁联运集装箱在周转上难度较大，调配不当的话，回空率高，箱体周转时间长，既增加箱体的回空费用，又增加集装箱的使用成本。最好的海铁联运箱源是铁路系统的集装箱（以下简称铁路箱）。作为港口企业或合作方，不用太多考虑回空的问题，只要还到铁路集装箱站即可。但铁路箱要投入到海上运输，需要各铁路局向国铁集团申请，审批程序烦琐。目前集装箱海铁联运大多采用海运集装箱，由于内陆有很多地方不通铁路，通铁路的地方又不一定能办理集装箱业务，因此对箱源管理提出了较高要求。此外，现有的铁路限运政策对危险品、化工品、冷藏箱等特种货物都有明确的限运规定。

随着节能减排工作的推进以及港口疏港公路交通拥堵问题日益严重，许多港口所在地政府逐步转变观念，纷纷出台支持海铁联运发展的地方政策（奖励、减税等），虽然对局部地区的海铁联运工作产生了一定正面作用，但由于政策的局限性，无法整体推进海铁联运工作的开展。此外，海铁联运涉及的单位和部门较多，仅凭各个部门、单位、企业自发地推动海铁联运的发展非常困难，需要相关的政府主导部门来牵头研究推进海铁联运工作，明确各方职责，制定相关政策，统一协调铁路、海关、港口等相关部门，加大相关配套基础设施的投入，才能更好地推进海铁联运的开展。

第四章 我国海铁联运发展面临的形势要求

第一节 发展环境

当前和今后一段时期是我国科学把握新发展阶段、贯彻新发展理念、构建新发展格局的关键时期，也是全面推进交通强国建设的重要阶段。习近平总书记指出，我国发展仍然处于重要战略机遇期，但机遇和挑战都有新的发展变化。在新时期新阶段，海铁联运发展也面临一系列新形势新任务。

一、服务构建新发展格局，为海铁联运发展提供了新机遇

推动形成以国内大循环为主体、国内国际双循环相互促进的新发展格局，是与时俱进提升我国经济发展水平的战略抉择。习近平总书记指出，建设现代流通体系对构建新发展格局具有重要意义，高效流通体系能够在更大范围把生产和消费联系起来，扩大交易范围，推动分工深化，提高生产效率，促进财富创造。国内循环和国际循环都离不开高效的现代流通体系。交通运输连接生产和消费两端，是现代流通体系的基础依托；海铁联运能够打通物流环节、衔接运输方式、提升物流效率，是现代流通体系的重要支撑。如我国规划建设的西部陆海新通道覆盖西部12个省份、沿线3.8亿人口，业务辐射95个国家和地区的249个港口，已成为我国西南地区通江达海的现代流通大动脉。要紧紧抓住服务构建新发展格局的历史机遇，以海铁联运发展为抓手，加快建设现代流通体系，为国内大循环和国内国际双循环提供交通运输保障。

二、加快推进交通强国建设，为海铁联运发展赋予了新使命

交通强国代表了一个国家交通运输发展水平，其本质是交通运输“量”的发展达到一定阶段之后实现“质”的飞跃。交通强国首先要自身强，综合实力世界领先，各种运输方式比较优势和组合效率得到充分发挥。纵观发达国家交通发展历程，都经历了从单一运输方式向各种运输方式协同发展的转变，这是必然规律，也是必由之路。近年来，欧美发达国家都把建设经济高效的交通运输体系提升到国家战略层面。美国《21 世纪前进法案》和《加强美国地面运输法案》，都把多式联运提到“巩固美国国家经济基础”和“提升国家经济发展效率”的战略高度。欧盟发布《迈向统一欧洲的运输发展之路》白皮书，强调通过发展组合运输把更多公路货运转向铁路和水路。我国《交通强国建设纲要》明确提出打造“全球 123 快货物流圈”，实现“货物多式联运高效经济”，对海铁联运发展作出部署，需要站在全局和战略的高度，把海铁联运发展作为建设交通强国的基础支点，加快建设更加安全、便捷、高效、绿色、经济的现代化综合交通体系。

三、实施创新驱动发展，为海铁联运发展提供了新动能

习近平总书记指出，要把原始创新能力提升摆在更加突出的位置，努力实现更多“从 0 到 1”的突破。当前，新一轮科技革命和产业变革正在积聚力量，催生大量新产业、新业态、新模式，给人们生产生活方式带来革命性、颠覆式影响，以人工智能、量子信息、物联网、区块链为代表的新一代信息技术，为实现各种运输方式信息互联互通提供了一切可能；无人机、无人车、无人配送、智能仓库、智能快件箱等，为智慧物流发展提供了全程解决方案。创新改变了行业，未来行业发展还需要创新持续赋能。这就需要进一步加大创新力度、提升创新质量，为运输服务插上科技创新的翅膀。正如人民日报评论所说，“科技创新的星辰大海、未来的无限可能性，其实更令人心潮澎湃”。要求要牢固树立“创新是发展第一动力”的理念，持续推进海铁联运发展由要素驱动向创新驱动转变，为运输服务高质量发展提供动力源泉。

四、推动绿色低碳发展，为海铁联运发展提供了新契机

习近平总书记在 2020 年 12 月气候雄心峰会上宣布，到 2030 年，中国单位国内生产总值 CO_2 排放将比 2005 年下降 65% 以上。实现这一目标，交通运输责无旁贷。美国经验表明，货车运输转为铁路运输后，可减少碳排放 50% 以上。欧盟自 2018 年提出“多式联运年”后，又提出将 2021 年设为“欧洲铁路年”，通过实施一揽子政策措施提高铁路竞争优势，支撑 2050 年碳中和目标实现。实践证明，通过发展海铁联运，促进温室气体与大气污染物协同减排，已成为世界各国交通运输绿色低碳发展的必然选择。要加大海铁联运推进力度，把更多公路货运转向铁路和水路运输，以海铁联运增效促进交通运输减排，建设更加绿色低碳的综合运输体系。

五、“中国制造 2025”“互联网 +”等行动计划加快实施，为海铁联运与关联产业融合发展注入了新动力

在“中国制造 2025”和“互联网 +”等行动计划推动下，跨界融合、资源共享成为交通运输转型升级、实现联动发展的重点。围绕推进海铁联运与制造业融合发展，推动装备制造企业由生产型向生产服务型转变，延伸服务链条、促进服务增值，强化装备制造业供需精准匹配和价值链再造，同时，也会进一步加快海铁联运技术装备升级改造，提升运输服务供给水平，实现良性联动发展。借助实施“互联网 +”高效物流行动，深入推进信息资源开放共享、便捷交互，拓展多式联运经营和管理众创空间，有助于培育海铁联运智能化发展新优势，全面适应新业态新模式发展的需要。

第二节 有利条件

一、基础设施网络日益完善

经过多年发展，各种运输方式的基础设施不断完善，高速公路、高速铁路和

万吨级以上港口规模等均居世界首位，运输保障能力显著增强，交通运输发展实现了由“总体缓解”向“基本适应”的重大跃升，各种运输方式从相对独立发展、竞争发展转向协同发展、竟合发展，综合运输进入了以结构调整、转型升级、提质增效为主要特征的发展阶段，呈现出一体化、集约化和枢纽化的发展态势，为海铁联运发展提供了基础设施层面的有力支撑。

二、管理体制机制逐步理顺

两轮大部制改革后，交通运输大部门体制初步形成，实现了对铁路、公路、水路、民航、邮政等行业的统筹规划，综合运输体制机制不断健全，多式联运发展的外部环境不断优化。交通运输行业特别是铁路市场化改革加快，铁路货运从长期运力紧张转为运能相对宽松，铁路货运能力得到释放，内河水运潜力巨大，具备了在更大程度、更广范围加快海铁联运发展的基础条件和重要前提。

三、市场需求空间广阔

2019 年全社会货运总量达到 462.2 亿 t，约为美国的 2.3 倍，全社会物流总额 298 万亿元，继续保持全球第一大物流市场。“十四五”期，我国经济从高速增长转为中高速增长，全社会货运量增速比“十三五”期虽有所下降，但仍保持增长态势，预计年增速 2%。同时，市场需求和消费结构深入调整，对市场主体形成倒逼机制，企业依托海铁联运发展全程物流、一体化运输的内生动力与日俱增。

四、内循环发展空间巨大

我国经济具有潜力足、韧性强、回旋空间大的特点，不仅是“全球工厂”，还正在发展成为全球最大的市场。2019 年我国国内生产总值为 99.0865 万亿元，比上年增长 6.1%；按年平均汇率折算，人均 GDP 突破 1 万美元大关，达到 10276 美元。根据世界银行数据，2018 年人均 GDP 在 1 万美元以上的经济体人口规模近 15 亿人。随着总人口达 14 亿的中国步入人均 GDP 超过 1 万美元的行列，相当于全世界人均 GDP 超过 1 万美元的人口翻了 1 番。2019 年，中国居民人均可支配收入首次突破 3 万元，达 30733 元。在收入增长速度与经济增长速度基本同步，与人均

GDP 增长速度大体持平的同时，农村居民人均可支配收入实际增长 6.2%，随着居民可支配收入的不断提高，中国人民的购买力也必定会不断增强。

五、政府高度重视海铁联运发展

2019 年 11 月 13 日，交通运输部等 9 部委联合印发了《关于建设世界一流港口的指导意见》，文件提出要着力提升港口综合服务能力。以多式联运为重点补齐短板，健全港口集疏运体系，促进不同运输方式间有效衔接，重点解决铁路进港“最后一公里”问题。以铁水联运、江海联运、江海直达等为重点，大力发展以港口为枢纽、“一单制”为核心的多式联运。各地纷纷根据地方实际情况出台多项海铁联运优惠政策支持高质量发展，甚至有些地方政府成立海铁专班或办事机构。

六、“散改集”和“公改铁”助推海铁联运发展

自 2018 年 9 月国务院办公厅印发《推进运输结构调整三年行动计划(2018—2020 年)》以来，全社会已经大范围出现“散改集”和“公改铁”的趋势，使得公路的散货货源流向海铁联运，助推内贸海铁运量年年递增。

七、海铁联运的品牌影响力日益精进

我国海铁联运近 10 年内出现高速发展，基于港口与铁路的协作，各地开通数百条精品班列路线，解决原先铁路零星发运时效差，铁路与公路、水运衔接不通畅的问题。随着信息化和硬件服务不断完善，海铁联运服务已经越来越适应客户多样化的需求，比如异地提还箱、过境联运、铁路箱下水、CCA 协议、物流金融等，使得海铁联运步入正循环中。

第三节 面临挑战

一、外循环增幅动力减弱

我国依托丰富劳动力等要素大力发展出口导向型对外贸易正处于红利消失期。当前全球正处于百年未有之大变局，“新冠肺炎”疫情暴发并在全球快速蔓

延，叠加中美贸易摩擦、世贸组织面临自成立以来最大危机等多重不利因素，国际环境不确定性陡增，第三次全球化浪潮步入深度调整阶段，分布于不同地域的供应商对生产制造各环节影响越来越明显，供应链物流的完整性、安全性、时效性和性价比等因素逐渐受到关注，越来越多的跨国企业正在调整中国生产商品的比重，在外循环的影响下港口吞吐量的增幅将会下降。

二、跨境运输和我国出口到中亚地区货物面临新的竞争

东亚地区与中亚地区的货物运输线路主要有 3 条通道。一是通过海运经地中海港口转接铁路运输；二是跨中国的铁路通过阿拉山口或者霍尔果斯等口岸到达；三是经俄罗斯远东地区的东方港再沿西伯利亚铁路到达。近年来，由于我国铁路运输价格与俄铁相比不具有优势，再加上俄国船公司和韩国货运代理企业加大西伯利亚线路的揽货力度，大量的日韩货源主要是经西伯利亚铁路运到中亚地区。我国东南部沿海省份出口到中亚地区的货物，原来主要是经过阿拉山口运输至目的地的，但近年来已经开始先经由海运到东方港，再经西伯利亚铁路运到中亚地区，其中俄国的 FESCO 船公司在其中扮演着重要的角色。根据连云港港口集团提供的数据，我国华南地区原先经海运到达连云港再经大陆桥出口至中亚地区的货物，现在每周约有 100TEU 的货物改由海运运抵俄罗斯东方港再经西伯利亚铁路运输。

三、货源结构呈现碎片、实时响应的个性化特征

港口腹地内的制造企业正进行产业供给侧结构改革，传统刚性大批量自动化生产组织也正在发生变化，消费群体更关注商品的多元化、个性化、快速响应等，这就倒逼企业采用物联网和柔性生产线来满足客户对更迅捷、精准、多元与智能化服务的需求。物流行业也必定面临挑战，其单次承运货物将呈现重量与体积变小、货值高、订单繁多、商品周转期短等特点，传统以集装箱为单元的海铁联运应适应这些变化趋势。

四、不同物流模式与海铁联运的竞争加剧，港口间海铁联运竞争激烈

航空运输开始廉价化，不断下探收费标准；随着市场的变化，公路与仓储企

业不断调整价格；内支线船舶的航线越来越密集，航运成本更低廉，原先不同梯级的物流模式的客户群开始高度重叠，竞争加剧。国内港口纷纷依托海铁联运不断拓展腹地范围，腹地区域交叉重叠，不同港口的海铁联运平台公司纷纷依托各类政策进行低价营销，难以让海铁联运摆脱政策补贴而完全市场化运营。

五、长距离集装箱箱源有限

按行政区划，2013 年，我国沿海 12 个省区市水运方式外贸集装箱重箱生成量 6779 万 TEU，占全国总量的 92.6%，中西部省份 544 万 TEU，仅占 7.4%。沿海省份加中部地区的山西、安徽、河南、江西，外贸集装箱生成量约 7021 万 TEU，如再加上长江中上游的湖南、湖北、重庆、四川，总量为 7206 万 TEU，剩余的新疆、甘肃、陕西、西藏、云南、贵州、宁夏、吉林、黑龙江、内蒙古，水运方式外贸集装箱重箱生成量总量仅为 117 万 TEU。从以上对我国外贸集装箱箱源分布来看，传统意义上认为的铁路运输占有优势地位的中西部地区的箱量仅有 117 万 TEU，且分布在我国广袤的西部、西南、西北和东北部。在长距离腹地范围内有限的箱源给开展集装箱海铁联运带来了挑战。

六、海铁联运缺乏全国集中统一的协调管理机制

集装箱多式联运需要众多企事业单位参与，组成环节多，作业流程、报文、运输和装卸包装等标准不统一，软硬件配置不合理或不能满足需求，相互关系不密切，影响供应链的安全性、便捷性和时效性，也会对海铁联运发展的核心竞争力产生不利影响。

第四节 需求分析

一、适应经济结构调整新要求、满足消费提档升级新趋势，要求加快提升海铁联运服务效率和品质

随着经济结构转型和消费升级，我国居民消费呈现三个特点：一是从注重量

的满足向追求质的提升在转变，二是从有形物质产品向更多服务消费在转变，三是从模仿型排浪式消费向个性与多样化消费在转变。李克强总理曾在国务院常务会上强调，要培育和弘扬精益求精的工匠精神，立足大众消费品生产推进“品质革命”。当前，我国货物运输需求结构开始发生重大变化，大宗物资运输需求持续下降，高附加值、轻质化以及多品种、少批量、高时效的货运需求持续旺盛，快递、冷链物流、电商物流、零担快运等领域的业务总量不断增长，甚至呈现井喷式增长。2019 年，全国快递企业业务量累计完成 635.2 亿件，是 2015 年的 3.1 倍，年均增长 32.4%。市场需求与消费结构的调整，要求加快多式联运资源的合理配置，培育具有高时效、低成本等特点的运输服务供给，要求在增品种、提品质、创品牌“三品”能力方面有新突破。

二、增强经济发展新动能、培育竞争新优势，要求充分发挥海铁联运整体优势和组合效能

我国经济发展进入“新常态”，亟待提高供需匹配效率、培育经济增长新动能。货运物流业是支撑经济社会发展的重要基础性、战略性和先导性产业，市场需求巨大，发展空间广阔，但该领域长期存在的“成本高、效率低”等问题，影响了城乡居民消费和企业竞争力，制约了经济运行效率的提升。2019 年，我国物流总费用为 14.6 万亿元，占 GDP 比重仍高达 14.7%，比世界平均值高出 3.2 个百分点，比美国、日本、德国平均高出 6.2 个百分点；货运强度是美国的 4 倍，即创造同等数额的 GDP 我国的运输投入比美国多出 3 倍；影响了经济整体竞争能力。这既与我国宏观经济结构与产业布局不优、发展阶段特征等因素相关，更与效率高、综合成本低的多式联运发展缓慢等密切相关。据物流企业反映，不同运输方式间在衔接与转换过程中所耗费的成本，约占全程物流成本的 1/3。欧美国家经验表明，多式联运能够提高运输效率 30% 左右，减少货损货差 10% 左右，降低运输成本 20% 左右。据测算，我国多式联运占全社会货运量比重每提高 1 个百分点，将直接带动物流总费用占 GDP 比重下降约 0.9 个百分点。当前我国经济发展正处在转方式、调结构的紧要关口，生产制造和商贸流通业对降本增效、安全准时等需求愈发迫切，这就要求发挥海铁联运的整体优势和组合效

率，统筹发挥好铁路、公路、水路和航空运输的技术特点和比较优势，有效降低运输和物流成本，提高供应链全要素生产率，推动实体经济企业“降本增效”，引导消费升级并释放新需求，引领新的经济增长极和经济支撑带。

三、支撑国家重大战略部署、打造全方位开放新格局，要求加快改进海铁联运服务能力和水平

党中央、国务院统筹国际国内大局，重点推进实施“一带一路”、京津冀协同发展、长江经济带建设三大战略，目的在于促进资源高效配置、产业梯度转移和推进国际产能合作，基础在于深化与周边国家和区域基础设施互联互通及一体化便利运输。目前国际间、区域间货运物流服务仍存在规模有余、品质不高、能力不足等问题，特别是与推动制造业“走出去”相配套的高时效、低成本、高品质、一体化解决方案的货运物流服务供给新模式严重缺乏。据统计情况看，经营中欧班列的企业中，盈利企业仅占29%左右，企业可持续发展能力不足，影响了物流大通道的服务潜能和辐射效应。这就要求以加快海铁联运发展为突破口，构建连接国际国内的海陆空协同联动、优势互补、产品丰富的现代物流体系，以高效物流引领空间集成优化、资源集聚整合、要素集约配置，加强国内国际互联互通、推动经贸交流合作。促进区域协调发展和产业优化布局，提升我国在国际供应链体系中的话语权和影响力，打造东中西联动、内外协同的经济发展新格局。

四、顺应上下游协同联动新趋势、拓展产业发展新空间，要求加快创新海铁联运服务模式和形态

目前我国不同运输方式间衔接协调及接口部分成为突出“短板”，全程运输服务中的“断环”和“脱链”现象较为普遍；交通运输与物流业、装备制造业、商贸流通业关联发展不足，供需之间矛盾较为突出，全要素生产率不高。多式联运作为全程一体化运输服务系统，具有涉及环节多、业务关联度高、产业链条长等属性特征。以海铁联运市场为例，参与市场主体不仅包括铁路、航运、港口、船公司、货运代理等企业，也包括生产制造、商贸流通、金融、保险等关联企

业。多式联运具备形成完整、庞大产业链和生态圈的天然条件。另一方面，多式联运发展对产业拉动作用明显，不仅对车辆、装卸、集装箱等装备制造业以及基础设施投资具有直接拉动作用，而且对产品制造、流通消费和对外贸易具有明显的集聚作用。例如，郑州、成都等地，依托多式联运服务体系，不断完善国际联运通道和集疏运网络，面向多元化的现代产业，整合各类资源，拓展服务产品，在发挥各种运输方式集成优势的同时，初步打造形成了集商流、物流、信息流、资金流“四流”合一的产业集群，促进了关联产业的融合联动发展，形成了全要素集聚整合的强大推力，并孕育出新的经济增长点。这就要求多式联运在资源整合、产业联动、结构优化、服务模式创新等方面融入大格局。

五、落实供给侧结构性改革新要求、引领绿色低碳发展新路径，要求加快优化交通运输结构和布局

推进供给侧结构性改革，是适应和引领经济发展新常态的必然选择，交通运输领域落实党中央、国务院关于推进供给侧结构性改革的决策部署，就是要不断提升运输服务的综合效能、推动行业发展提质增效升级。对标发达国家成功经验，推进运输服务业集约高效和绿色发展，最大潜力在充分发挥铁路、水运的环保优势，减少长途货运对公路运输的依赖。相关研究表明，铁路、公路、长江水运能源单耗比约为1.8:13.9:1、碳排放单位比约为1:7.3:1.8。目前，我国运输结构不合理，60%以上的危险品主要依靠公路槽车进行长距离运输，80%以上的商品汽车通过公路运输，公路“治超”任务依然繁重，铁路、水路运输节能环保的比较优势未得到充分发挥。这就要求以海铁联运发展为切入点，加快优化运输结构，带动运输转型升级，实现运输协调发展、结构性节能减排、提升本质安全发展水平，支撑交通运输真正成为经济社会发展的先行官。

总体看，海铁联运发展正处于难得的战略机遇期，我国海铁联运发展既蕴藏着巨大的发展潜力和需求，又面临着诸多有利的外部环境和内部条件；这也是海铁联运发展的重要攻坚期，当前我国经济发展正处在转方式调结构的紧要关口，特别是经济下行压力仍然十分艰巨，迫切需要加速提升海铁联运发展水平，在推动实体经济降本增效升级方面发挥更大作用；这也同时是海铁联运发展的关键窗

口期，当前，我国正处于新一轮综合交通发展的关键期，也是综合交通布局的优化调整期，充分把握和利用好这一时机，加快海铁联运发展，做好顶层设计并推进实施，尤为迫切。

第五节 货运枢纽发展展望

一、趋势分析

1. 依托产业，科学选址

纵观国内外货运枢纽案例，可以发现发展较快的货运枢纽大多处于良好的地理位置及具有便利的交通运输条件，占地面积较大且周边具备较为发达的产业基础。首先，政府部门会针对货运枢纽建设制定较为系统全面的规划，在规划时特别注重协调铁路、航空、公路等多种运输方式，建设大型的多式联运货运枢纽；其次，选址时注重周边是否有大规模的产业基础，能否与货运枢纽形成相互支撑、互动发展的良好局面。最后，为货运枢纽预留充足的发展空间，形成规模效应，发展枢纽经济。

2. 注重联运，网状发展

发展较快的货运枢纽不但做到了航空、铁路、公路、水路多种运输方式物理上的联通，更重要的是做到了在运营过程中货运信息、装卸设备等资源的互联互通，最终要在多种运输方式之间形成联系紧密、高效合作的多式联运体系。应特别注意的是，政府部门在协调政府间、企业间以及政府与企业间的关系上发挥了较大作用。此外，货运枢纽还应注重远程运输与城市配送的连接、生产企业上下游之间的连接、生产企业与流通企业的连接以及生产者与最终消费者的连接，形成网状发展态势。

3. 关注绿色，节能减排

发展较快的货运枢纽推行低碳型多式联运，通过运输结构调整减轻公路运输所造成的环境和生态的负面影响，提高货物运输的经济性和合理性。政府鼓励企业在干线长距离运输时尽可能使用铁路、水路等运输方式，而终端的衔接和货物集散则采用公路运输，并尽可能缩短公路运输的距离。在运输过程中，不是只注重某一阶段的节能减排，而是强调整个过程的低碳环保。政府在推行多式联运政策时注重连续、透明、具体和预见性等特点，且与规划目标密切联系。

二、主要特征

1. 空间集群化趋势

货运枢纽的建设是服务于产业发展的，在货运枢纽的布局规划阶段，需要充分结合城市产业结构布局、工业布局规划、商贸产业布局规划等多种因素，由地方政府统一进行规划布局，以达到利用同区域不同功能的货运枢纽组合最大化区域内部的物流运转效率的效果。随着区域合作的深化，物流的战略意义更加凸显。物流经济已成为区域经济的重要组成部分，起到了对经济的拉动和激活作用，现代物流的发展成为影响区域供应链体系竞争力的重要因素，也成为提升地区综合竞争力不容忽视的力量。这就要求货运枢纽的发展也充分结合区域协同发展特点，通过开展货运枢纽联盟或合作的形式，实现区域内交通、物流、信息的协调与整合，打造具有高度互补性、合作优势强的区域货运枢纽体系。

2. 组织网络化趋势

网络化（联盟化）是新兴经济发展的重要特征，也是现代物流产业的主要特征。货运枢纽的网络联盟，既包括物流空间（“地网”），也包括服务平台（“天网”）。为摆脱“点式经营”的弊端，以投资、托管、加盟、连锁复制等的方式形成强大的货运枢纽跨区域网络联盟，进一步提高物流效率、降低物流环节和成本、保障物流安全，是货运枢纽未来发展的主流方向。部分货运枢纽已经从单点竞争向网络竞争转变，一些全国性货运枢纽通过合作联盟加快全国性网络布局。内陆无水港、机场异地货站等模式也迅猛发展，以各大港口和枢纽机场航空货物集散中心为依托，将机场、港口的货物运输的业务处理及服务前移到内陆地区，能够较大幅度提高货物运输效率。

互联网共享经济时代正在催生现代物流的经营集约化、工具信息化、调度智能化、监管可视化、承运无车化、仓库云处理化，促进线上与线下深度融合。货运枢纽互联互通是发展的一大趋势，通过互联互通，信息化、数据化物流资源实现共享，打破信息不对称和信息“孤岛”，为用户提供信息咨询服务，实现货运枢纽间的资源共享，优化物流资源配置，促进货运枢纽合作共赢、协同发展。未来，线上与线下深度融合要求提高大数据等先进技术在货运枢纽的应用水平，通过技术手段有效地降低物流成本和提高运营效益。

3. 服务生态化趋势

现代化货运枢纽更加注重资源的集中整合，通过整合线下丰富的实体资源和物流配套资源，为入驻企业提供办公、餐饮、物业、停车、住宿、工商、税务等基础配套服务，部分货运枢纽延伸服务链条，为入驻企业提供物流咨询、物流金融、商品展示、设施租赁、保险代理等“一站式”综合服务，服务种类日益丰富，成为园区新的增长点。多功能集成也有助于推动电子商务、软件、系统应用、物联网等新兴产业的发展，这是货运枢纽发展的新引擎。

现代货运枢纽的服务功能趋向于“多业联动”、多式联运、供应链服务等一链式服务。随着物流资源向货运枢纽的集聚，生产消费物流需求得到有效满足，枢纽的规模效应和集聚效应不断扩大，与周边产业的良性互动日益增多，在带动区域经济发展中的作用日益突出。“多业联动”可使货运枢纽呈现信息化、集群化、多元化等新形象：制造业与物流业联动发展，有利于制造业降低成本，提高效率，促进产业升级；商贸业与物流业联动，可使枢纽充分融入网上销售等新型交易模式，为商户打造网络交易平台，金融超市、休闲文化等服务配套也入驻园区；在仓储加工区域，可将制造业企业的仓储甚至最后一道包装工序转接服务，更好地发挥生产性服务业作用。此外，枢纽可提供供应链服务，通过简化仓储、装卸、运输等环节降低供应链成本，实现集约化的物流产业运营。

第五章

海铁联运站场需求分析及功能设计

第一节 需求分析

沿海港口海铁联运站场功能布局、建设规模是海铁联运运输规划的重要组成部分，决定着站场建设水平的高低，并将直接决定社会资源是否被有效合理利用、集疏运通道能否合理布置、经济效益和社会效益能否最大化等重大社会问题。在有限的基础条件下，站场建设规模和功能布局的合理确定，能大幅提升物流中转效率，提高相关物流及供应链的组织化水平和集约化程度，从而促进区域物流网络的联动与发展。

铁路集装箱中心站的建立标志着我国铁路货物运输逐渐向现代化铁路物流与贸易发展。依托国家“十三五规划”政策支持与现有铁路网络的既有实力，综合铁路集装箱中心站发展迅猛，在丰富传统交通枢纽内涵的同时，以较低的建设和运营成本，满足客户个性化物流需求。

海铁联运站场在集装箱流动的过程中扮演着重要的角色，不仅承担了集装箱班列编解与装卸的任务，同时还需要具有较多其他功能，包括物流配套服务、洗箱、修箱、进出口报关、检验等。

一、集疏运体系优化的需求

吞吐量的持续增长和船舶大型化的发展趋势使沿海港口集疏运体系供需矛盾日益突出，集疏运通道拥堵现象日趋严重。规划与设计港口集疏运通道时，应摒弃单纯的公路、铁路或水运相关理论，统筹考虑综合运输体系构建。海铁联运站场的合理建设与运营可有效缓解沿海港口集疏运通道的拥堵，强化港口在综合运输体系的枢纽地位。

二、腹地经济高速发展的需求

相对西方发达国家，目前我国物流业的发展水平相对较低，还处在由传统物流业向现代物流业迅速转型的阶段。以物流园区为代表的一系列中转及货物配送中心的发展较晚，规模化、信息化程度亟待提高，合作分工的意识较低，中转效率有待增强，目前仍难以推动园区辐射腹地经济的高速发展。

海铁联运站场的规划建设为实现物流高效率中转提供了用地和空间保证，既能适应我国物流业发展现状，又能促进所在地区的大企业、大产业、大市场、大工业的形成，对于促进腹地经济的发展具有重要的意义，能给地区经济带来更大的空间、更大的潜力。

三、联运企业降本增效的需求

目前，我国沿海港口大力拓展以延伸和中转为主要标志的物流服务，不断推动港口由传统的装卸港向现代物流港转变。然而，我国大部分港口海陆联运物流网络的通达性较差，联运系统的鲁棒性较弱，距离现代物流港还有一定差距。海铁联运站场的建设及扩展，可以为港口海陆联运乃至联营提供良好的服务平台和环境，促进信息共享，提高物流效率，发挥规模集聚作用，降低企业物流成本。

四、物流资源高效整合的需求

港口是各种进出口货物的集散地。随着经济全球化进程的不断推进，港口货物吞吐量越来越大，其集疏运对城市交通的压力日益增大。作为一种货物快速转移、配送的载体和平台，海铁联运站场本身对于减轻城市交通压力有着不可替代的重要作用。

通过合理规划站场布局，可有效整合物流资源，调整物流空间分布，实现物流点线的有机结合，从而控制城市交通量，改变货运需求空间分布，在一定程度上部分缓解城市的交通压力。

总之，海铁联运业务的理想目标是以较低的成本，实现较高水平的服务。但若不对联运中转站设计和运营模式进行大幅改进，这一目标是很难实现的。通过减少集装箱处理次数，减少转运过程的操作次数，减少集装箱搬运距离，减少转运所需的人力、设备和时间，使运营效率和生产力可以得到提升。同样重要的是船舶和列车的周转时间。通过缩短从托运人到收货人的等待时间，特别是在港口码头，以及消除空驶、空载和短尾行程，降低运输成本。港口吞吐能力的大幅提升，对内陆集装箱运输的时间需求更多、要求更高。

第二节 功能设计

海铁联运站场依托沿海港口，对接国内国际航线和港口集疏运网络，实现海铁联运有机衔接，主要为港口腹地及其辐射区域提供货物集散、国际中转、转口贸易、保税监管等物流服务和其他增值服务。其具备的基本功能如下。

一、联运换装

1. 海铁联运功能

依托港口枢纽优势和辐射效应，结合产业发展要求、物流需求特征以及交通运输基础条件，发展海铁联运服务。建设完善的港口、铁路等基础设施网络，配备专业化的装卸、搬运设备，搭建完善集疏运体系，设置专门的多式联运作业区，对进出港集装箱进行作业，实现进出口集装箱的海铁联运。

2. 集装箱办理站功能

海铁联运站场建成后，将在站场间开行集装箱班列，设置必要的到发线、装卸线、调车线、牵出线和集装箱作业区，使其具备编发、接卸成列集装箱列车的能力。同时要具有对车辆机械的技术检测与维修，对车辆的清洗、加油和停放等配套服务功能。同时针对海铁联运过程中需要停留、中转和交付的各类国际进出口集装箱货物进行站场拼箱或整箱作业。

3. 货运代理

代理多品类货物，代办接货、发运进出口业务。申请“一关三检”，进出口货物的转运业务，代办运输全程的保险办理、运费支付、税务缴纳等业务。

二、集装箱堆存

海铁联运站场依托港口枢纽集聚优势，面向港区物流产业集聚区及周边城市的生产制造及商贸流通企业，提供进出港集装箱的堆存服务。针对不同品类集装箱的堆存需求，划分不同的堆存区域，配套专业化的装卸设施，提供差异化的集装箱堆存服务。

三、信息管理

信息处理、传输功能主要是指信息管理平台对集装箱的实时跟踪管理，包括对集装箱货物的承揽、仓储、转运、拆装、流通加工及集装箱运输车辆、起重机等的作业调度计划的编排，及时处理单证、票据，实现信息共享。

四、口岸物流

1. 保税物流

依托海铁联运站场所在地的保税物流政策，提供保税仓储、保税加工、转口贸易、报关报检及货物展示等保税物流服务。根据不同的货物品类及特点设置保税作业区，实现保税物流服务。

2. 海关监管

海铁联运站场可根据当地经济与对外贸易发展需要，高效办理集装箱货物出入境手续，将出入境口岸业务由集装箱码头延伸至内陆铁路站场，为园区入驻企业提供海关通关、查验、拼装等服务，以便周边客户就近办理相关手续。可设置海关卡口、集装箱检测房、查验库、拼装库房、海关办公区等设施及区域。

五、综合服务

海铁联运站场还应设置综合服务区，实现商业服务以及生活服务相关功能。设置综合服务楼、货代办公楼、小客车停车场等。

1. 商业服务功能

为站场入驻企业提供工商、税务、银行保险、信息交易等服务，实现商品贸易综合服务、金融综合服务、信息综合服务等功能，设置商务办公区及培训室，面向站场外部客户出租办公室及员工培训场所、设置会务中心，配备会议室、接待室等。

2. 生活服务功能

生活服务区配备相关的生活配套设施，提供车辆停放等配套服务，解决站场企业发展的后顾之忧，全面提升海铁联运站场的开发档次和服务水平。

六、其他功能

1. 站场智能闸口功能

海铁联运站场是进出口集装箱的统一集合地，集装箱的进出和放行均通过插闸控制。设计港口集装箱站场智能闸口，有利于节省港口人工成本、消除安全隐患、提高港口生产作业效率，实现集装箱运输车辆在站场提箱出闸过程中的无人化和智能化。集装箱站场智能闸口业务流程如图 5-1 所示。

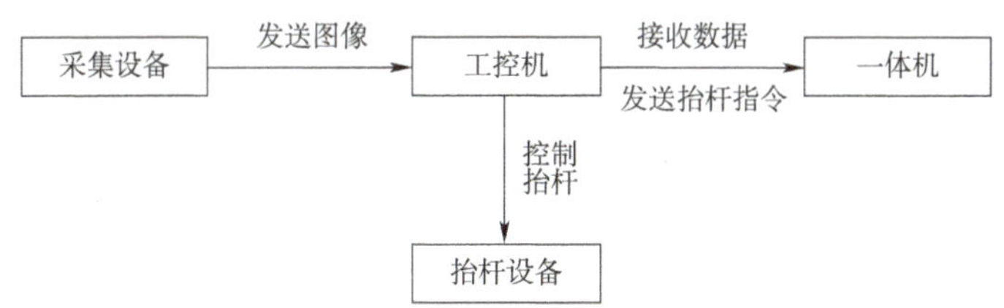

图 5-1　站场智能闸口业务流程

当集装箱运输车辆通过闸口时，系统将采集到的数据发送至一体机，触发一体机程序进行数据接收和业务处理，业务处理完成后自动清空数据。如果系统采集的信息错误，集装箱运输车辆驾驶员可以通过一体机修改相应箱号，然后再进行业务校验，直到业务处理成功后打印单据出场。一体机界面只允许集装箱运输车辆驾驶员修改相应箱号，以防止驾驶员操作失误导致系统关闭，从而影响后续出场任务。同时，界面简单易懂，并显示错误提示框，以便提醒驾驶员修改错误信息。

2. 空箱调运创新服务功能

空箱调运是港口和船公司一项重要的可控成本。不同国家和地区之间因进出口不平衡导致空箱流动不平衡，使部分港口发货人对空箱需求量较大，但承运人向该地区运送空箱的成本较高。即使在相邻港口之间，也会因为信息不对称，存在空箱来回调运的情况。通过与船公司合作，建立“空箱银行”，统筹多个承运人之间的空箱调运计划，可以减少空箱的资金占用成本。

3. 拖车运输创新服务功能

由于各家物流公司拖车资源分散，信息不共享，拖车出勤率、重载率还有很大的改进空间。在长三角地区，由于衔接不畅、无效空驶造成的资源冗余，浪费约合 70 亿元。未来站场可通过互联互通的信息化平台，提供车货匹配服务。货代通过港口社区平台填报订舱信息，并匹配拖车服务。此外，还可以提供路线优化等智能交通增值服务。比如集装箱运输车辆驾驶员随身携带智能终端，该设备通过与集装箱运输车辆中转基地和港区内外数以万计的感应器联网，能自动为驾驶员推荐最优路线，缓解由于船舶延误或者提前到港而造成集装箱运输车辆大量无效集结问题。

当然，规划中的海铁联运站场并不都在同样程度具备上述全部功能，每一个站场的具体功能及其完善程度，要根据该站场在路网上的位置及其重要性、在区域经济发展中的作用来确定。

第六章

海铁联运站场作业流程分析

第一节 业务流程

本节重点针对集装箱海铁联运站场的业务流程进行分析阐述，并对换装业务流程进行梳理和分类，明确铁路与港口衔接的关键环节。

一、进出口业务流程

1. 海铁联运集装箱进口业务流程

货物到达港口后，买方一般委托物流服务企业或者货代企业完成进口运输业务。集装箱海铁联运进口业务流程如图 6-1 所示。

具体流程如下：

（1）客户（这里是指有在中国境内进行运输、转清关等需求的代理）提交运输需求。

（2）物流服务企业针对客户的运输需求提交相应责任区段的运输方案。

（3）客户确认运输方案，并与物流服务企业签订运输合同。

（4）客户向物流服务企业提交物流订单申请，申请办理相关物流业务。

（5）物流服务企业接收客户物流订单申请后，向铁路部门提交物流订单，进行订舱操作。

（6）货物到港后，由船公司将到港信息提供给客户以及物流服务企业。

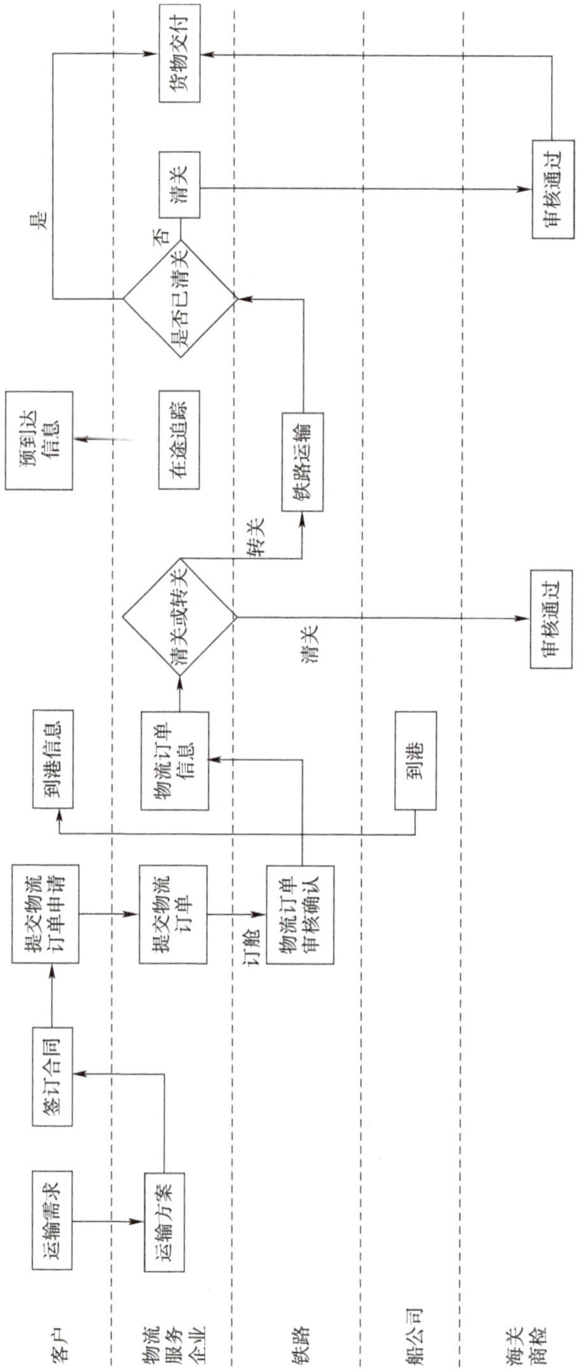

图6-1 集装箱海铁联运进口业务流程

(7) 物流服务企业结合到港信息和物流订单信息办理货物清关或转关业务。若办理清关业务，则由海关、商检部门完成；若办理转关业务，则由铁路部门完成相关操作。

(8) 办理完清关或转关业务后，由铁路完成运输过程。在铁路运输过程中，物流服务企业对货物进行在途追踪，并将反馈客户货物预估到达时间等信息。

(9) 铁路运输业务办理完成后，若已经清关，运输服务企业组织货物交付；若没有清关，则运输服务企业向海关、商检部门提交清关手续。

(10) 清关作业完成后，物流服务企业进行货物交付，并将交付信息反馈给客户。

2. 海铁联运集装箱出口业务流程

集装箱海铁联运出口需要经历“发货人→内陆地点→内陆运输→装货港→海上运输→卸货港→内陆运输→内陆点→收货人”的运输过程，涉及主体多，作业环节复杂。集装箱海铁联运出口业务流程如图6-2所示。

具体流程如下：

(1) 买卖双方签订贸易合同后，客户（直接货主/全程代理/分代理）向物流服务企业提交运输需求。

(2) 物流服务企业（全程代理/分代理）针对客户的运输需求提交相应责任区段的物流运输方案。

(3) 客户确认运输方案，并与物流服务企业签订运输合同。

(4) 根据合同，客户向物流服务企业提交物流订单，物流企业根据订单依据合同要求，向船公司提出订舱请求，并向铁路部门提交物流订单。

(5) 船公司确定船期及舱位情况，批准订舱请求，编制集装箱货物预配清单，交由装货港码头堆场，待货物完成相关业务，到达港口，进行装船作业。

(6) 铁路部门收到物流服务企业的物流订单，对订单进行审核并确认。

(7) 铁路部门确认物流订单后，物流服务企业根据合同及客户需求，确认是否在产地进行报关。

(8) 若产地报关，则由物流服务企业（全程代理/分代理）进行报关。由海关、商检部门完成报关后，物流服务企业在海关的监管下装箱，并施关封。

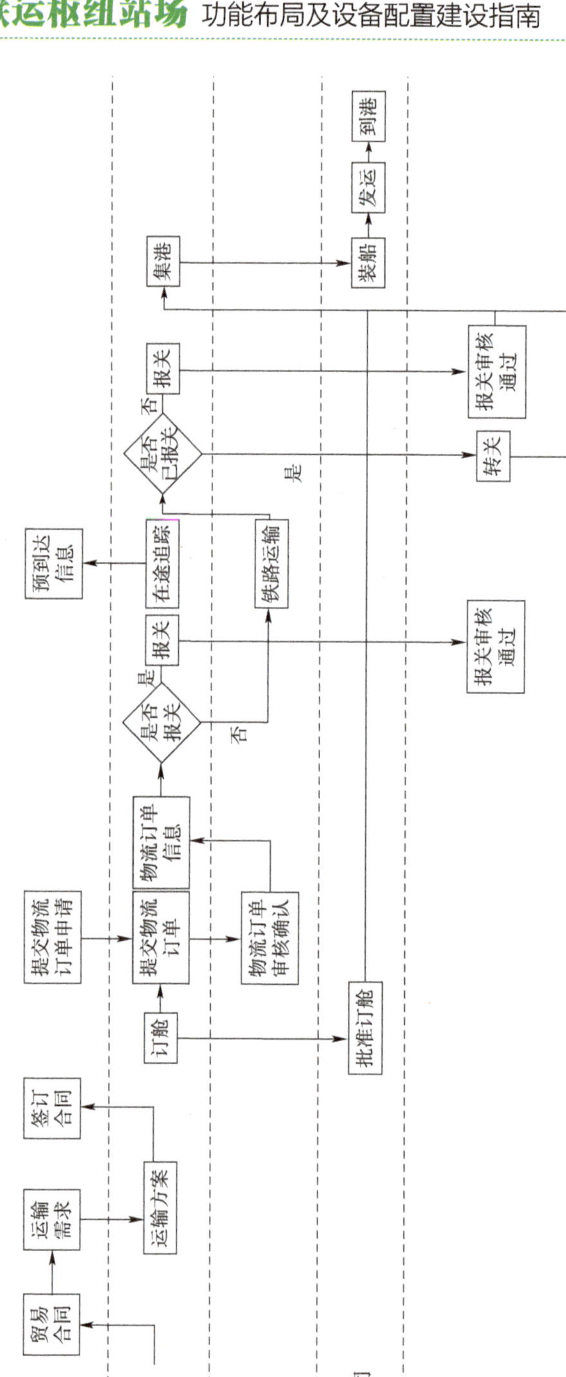

图 6-2 集装箱海铁联运出口业务流程

(9) 货物不在产地报关或完成报关作业后，通过公路短驳，将货物运输至集装箱海铁联运站场，并办理铁路车辆发运。

(10) 由铁路部门完成货物从产地向港口所在地的运输过程，物流服务企业进行货物在途追踪，并将预估到达时间等信息反馈给客户。

(11) 货物经铁路运输到达港口所在地后，若之前未在产地进行报关，须办理报关业务，否则进行转关业务。

(12) 物流服务企业向海关、商检部门提交有关报关/转关手续，海关、商检部门进行报关/转关手续的审核并通过。

(13) 完成报关或转关作业后，物流服务企业组织通关的货物集港。

(14) 集港完成后，由船公司根据集装箱货物预配清单，组织集港货物装船、发运。

(15) 到港后，由物流服务企业向客户提供到港信息，业务完成。

二、换装业务流程

1. 进口集装箱货物换装过程

由于港区铁路布局的不同，集装箱海铁联运站场集装箱进口货物的一般换装过程也有多种情况，如图 6-3 所示。

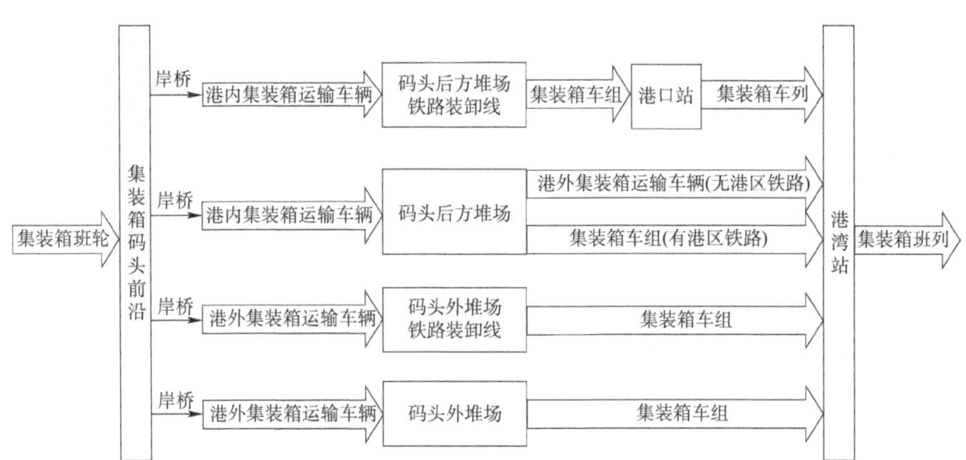

图 6-3　集装箱海铁联运站场集装箱进口货物一般换装过程

港区内有港口站的，铁路装卸线铺设到集装箱码头堆场后方。船上卸下来的集装箱经岸桥卸载到港内集装箱运输车辆上，由集装箱运输车辆转运到后方的堆场存放。当港口站将集装箱载运车辆送到堆场装卸线时，门式起重机或者集装箱正面吊运机将后方堆场暂存的集装箱装载到港内集装箱运输车辆上。集装箱运输车辆再将集装箱运到装卸线旁，门式起重机将其装载到车上，然后由港口站取车作业将车组取回站内完成编组。最后由港湾站调机以小运转的形式将车列运至站内换挂铁路机车，集装箱班列出发。港区内没有港口站的，若港区无铁路线，铁水联运集装箱从码头后方堆场由港外集装箱运输车辆将其运送到港外的港湾站再进行装车作业。若有港区铁路线，则由港湾站取送车作业将集装箱车组取回港湾站，发出编组列车。港口内没有港口站，但港区铁路线铺设到了码头堆场的，则车辆的取送作业由港湾站来完成。港区内没有铁路，是港湾站的铁路线铺设到码头外集装箱堆场，集装箱在码头前沿卸船后直接由港外集装箱运输车辆运送到码头外堆场存放，然后再装车。

2. 出口集装箱货物换装过程

图 6-4 为集装箱海铁联运站场出口集装箱货物一般换装过程的几种情况。

港区内有港口站的，铁路装卸线铺设到集装箱码头堆场后方，到达港湾站的集装箱班列，首先与港口站办理交接作业，摘挂机车，然后港口站将集装箱车列解编成车组，以取送调车的方式将车组送往码头后方堆场的装卸线。经卸车作业，集装箱经港内集装箱运输车辆短驳到集装箱堆场。对于需要拆换箱的集装箱货物，则可能短驳到货运站进行拆换箱作业。船舶到达后，堆存在堆场的集装箱由集装箱运输车辆转运到船边进行装船作业，最后班轮离港。港区内没有港口站的，则由港湾站负责集装箱车组的解编和送车作业。港口内没有港区铁路的，则到达港湾站的集装箱货物由港外集装箱运输车辆运送至码头堆场存放，准备装船。港区内没有铁路，且港湾站的铁路线铺设到码头外集装箱堆场的，先由港湾站将集装箱货物通过调车作业送到码头外堆场铁路装卸线，卸车后的集装箱由港外集装箱运输车辆运送到码头堆场准备装船。

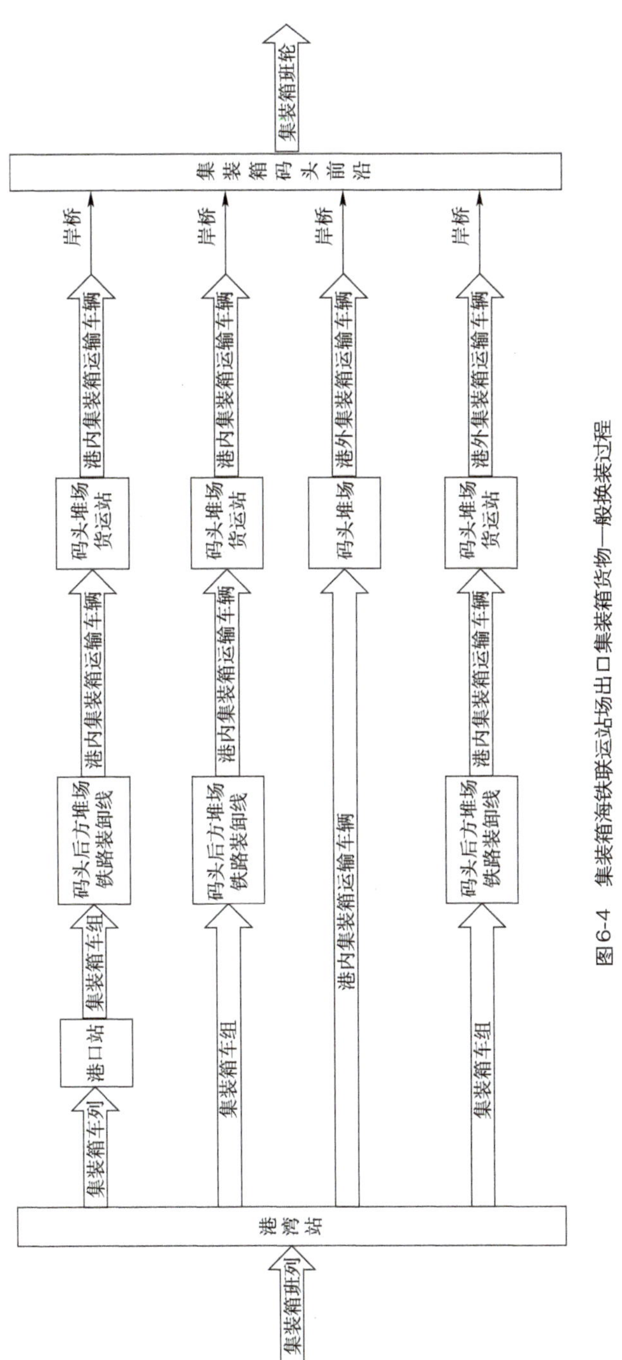

图6-4　集装箱海铁联运站场出口集装箱货物一般换装过程

三、路港衔接环节

进出港口的铁水联运货物，都要经过港湾站。港湾站到发的集装箱班列，在编组或解编时，都需要与港口站或港区铁路办理交接。包括货票、运单等的票据交接和机车换挂、调机取送等技术作业交接。

目前，我国大多已经有港区铁路的港口，在港湾站与港区铁路之间，由于设备配套等方面的原因，都存在交接作业，造成了一定的重复作业和时间浪费，影响了集装箱海铁联运站场铁水联运的效率。路港交接是铁路与港口衔接的关键环节之一，会对集装箱货物的铁水联运效率产生重要影响。港站交接的基本作业过程如图 6-5 所示。

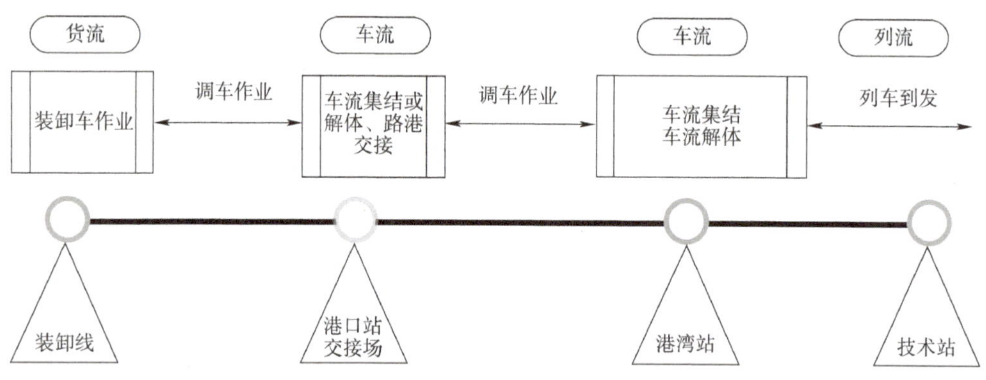

图 6-5 集装箱海铁联运站场交接的基本作业过程

机车的交接运用情况如图 6-6 所示。

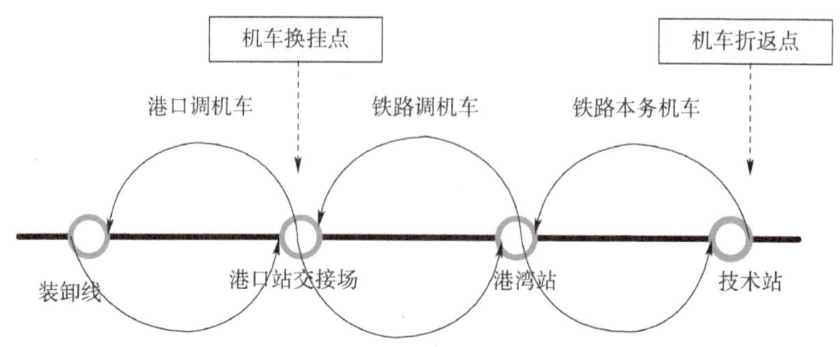

图 6-6 机车交接运用情况

技术作业流程如图 6-7 所示。

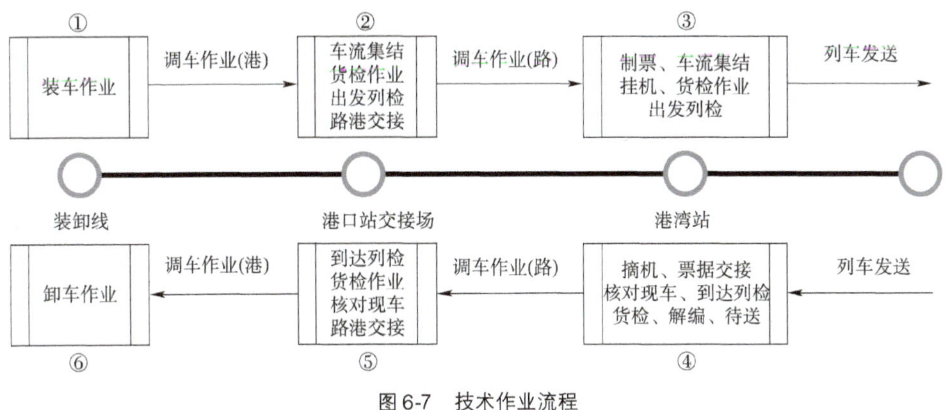

图 6-7　技术作业流程

第二节　作业流程

本节重点针对集装箱海铁联运站场生产作业的流程进行探讨，通过对货物在集装箱海铁联运站场的组织方式进行梳理和分类，分析各种组织方式的生产作业流程。

一、铁路集装箱货物输送方式

铁路集装箱运输的方式主要有集装箱定期直达班列、集装箱专运列车、一般快运货物列车和普通货物列车。

(1) 集装箱定期直达列车：货源不固定、铁路设备固定，定点定线定期运（为了适应更高的要求，还会编开集装箱五定班列），需预报收发货人、预约箱位，准时发到，实行有计划的接去送达；固定车底，车底循环使用，对两端站的装卸作业要求不高；运送易腐货物使用这种列车十分有效；列车编组长度一般为 20 辆转运车。这种集装箱输送方式可以大大减少运输途中编组站的编组作业，加速集装箱的运送，是一种高效、高级的集装箱运送方式。

(2) 集装箱专运列车：当有定期航线的集装箱船到达时，有大量的集装箱卸下，其中运程较长的集装箱就由集装箱专运列车运送，这种集装箱专运列车一般是不定期开行的，且去向也不确定，编组长度较长，但在铁路列车运行图上有专门的列车运行线。

（3）一般快运货物列车：对于小批量的集装箱，不适合编入集装箱定期班列和集装箱专运列车且亟待发出的集装箱一般纳入这种班列中运送。

（4）普通货物列车：集装箱运量小且去向不固定的集装箱可以采用这种运送方式，这种运送方式的运送效率较低。

二、集装箱海铁联运站场货流组织流程

集装箱海铁联运站场的货流组织主要分为出口货流和进口货流两种，出口货流与进口货流的组织方向相反，现简要描述海铁联运的出口货流的组织流程，如图 6-8 所示。

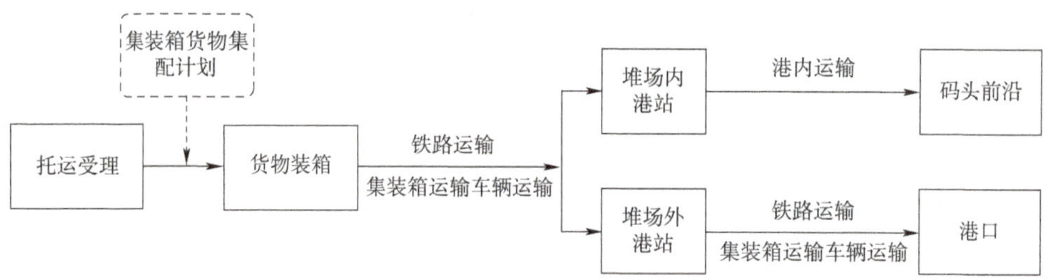

图 6-8　出口货流组织流程

托运人向铁路集装箱办理站申请集装箱托运，铁路部门受理其申请后，车站的集配货员根据掌握的全部受理单的到站去向和数量，本站可用和待交箱数量，待装车、待装箱和残存箱的方向和数量等资料制订货物集配计划，根据该计划将货物装箱（可分为整箱货物和拼箱货物两种装箱形式）之后从各地的集装箱货运站集中运往相应的集装箱海铁联运站场。当站场位于港口外时，将在站的所有待发集装箱按去向、时间将集装箱进行重新编组、集结，通过集装箱班列或集装箱运输车辆运输到港口，等待装船；当站场在港口内时，将集装箱卸到集装箱堆场或不入堆场直接通过港内集疏运工具运送到码头前沿，等待装船。

三、集装箱海铁联运站场作业流程

集装箱海铁联运站场的作业可分为集装箱出口作业、进口作业、集装箱货物出口集拼作业、集装箱货物区域分拨配送作业、到达箱作业、发送箱作业、中转

箱作业、空箱作业。

1. 出口作业

（1）接入从铁路进港的列车；

（2）按去向将车辆进行分类；

（3）按要求将分类后的车辆通过集装箱运输车辆运输或者集装箱班列运输到港口的铁路装卸线上，对于已入箱的货物可以将其运往码头前沿等待装船，或者先卸载到堆场进行保管，之后若货物需要整理则运往码头前沿仓库，再转运到前方堆场，最后装船。不需要整理的集装箱货物可以直接进入码头前沿等待装船。

2. 进口作业

（1）先按照需求计划将空车派送到装车点；

（2）将装车完成的车辆进行分类并集结；

（3）按要求将车辆编组，编组成列的集装箱班列发送到各目的车站。

由于站场的位置设置不同，有的设置在港口外，有的设置在港口内，而且港口内的铁路装卸线位置也不同，有的延伸到码头前沿，有的位于港区堆场内，站场的作业流程会有所差异。

设置在码头内部的站场，码头内部会设有铁路专用线，可方便地将集装箱货物通过铁路装卸线送到港口内的集装箱堆场，还可以通过铁路装卸线进行取送车作业，同样也可以运用集装箱运输车辆来完成该流程。特殊情况下，为了减少中间作业程序，可以在铁路装卸线上进行直装直卸作业。

设置在码头外的站场，因为与设置在港口内的站场的规模和办理业务不同，基本分为到达作业流程、中转作业流程和发送作业流程。以其中的发送作业流程为例：由站外集装箱运输车辆或者铁路集装箱班列将集装箱货物送至站场，经闸口验箱、核对票据后，对于可以直接装船的集装箱采用“车船直取”的模式，直接运送到码头前沿，无法直接装船的则进到堆场堆码。有些特殊的集装箱，需要将其运送到辅助堆场，按照类别进行堆码，然后再进行相关的检查作业，最后才能运送到码头堆场或码头前沿进行装船作业。

3. 集装箱货物出口集拼作业

依托港区作业区，提供适箱货物的集拼、联运、装卸等物流服务作业。集装箱货物出口集拼流程如图 6-9 所示。

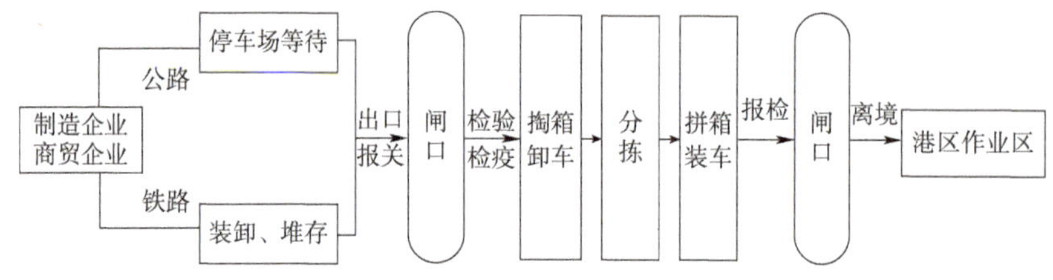

图 6-9 集装箱货物出口集拼流程

集装箱出口集拼主要流程如下：

(1) 准备出口的货物通过公路方式运抵停车场，在拆装库内进行货物的接收、装箱；通过疏港铁路运入的整箱货物，使用联运作业设施运至临时堆存区域，然后办理出口报关手续；

(2) 集装箱货物进入海关闸口后，经检验检疫后卸车，视需求进行堆存或者视货物种类进入中转仓库/冷库进行掏箱服务；

(3) 结合船期班次，进行装车；

(4) 报检后通过港区作业区离境。

4. 集装箱货物区域分拨配送作业

一方面，依托港区作业区，提供国际集装箱整箱货物的装卸、中转、联运、区域分拨、配送等物流服务作业。国际集装箱货物区域分拨流程如图 6-10 所示。

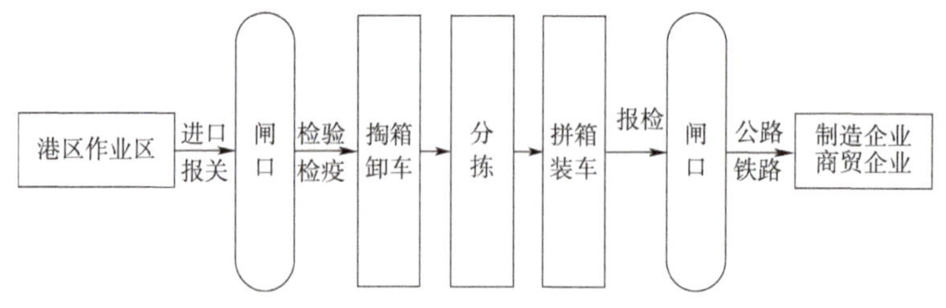

图 6-10 国际集装箱货物区域分拨流程

国际集装箱货物区域分拨的主要流程如下：

(1) 整箱货物通过港区经报关、检验检疫进入境内；

(2) 在拼装库中开展进口货物的掏箱、交货服务，视需求及货物种类进入中转仓库/冷库或进入保税仓库存储；

（3）根据区域制造和商贸企业需求，进行装车运出或结合铁路集装箱班次运出或临时堆存。

另一方面，依托港区作业区，还可开展国内集装箱整箱货物的装卸、中转、联运、区域分拨、配送等物流服务作业。国内集装箱货物区域分拨流程如图 6-11 所示。

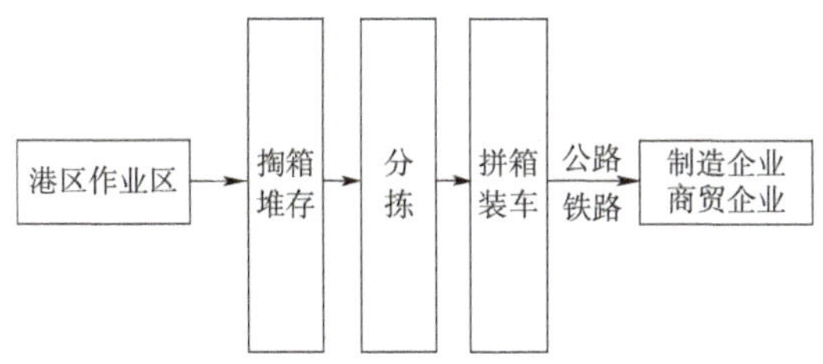

图 6-11　国内集装箱货物区域分拨流程

国内集装箱货物区域分拨主要流程如下：

（1）整箱货物通过港区进入；

（2）结合铁路集装箱班次运出，或视需求在中转仓库开展掏箱、交货、储存服务；

（3）根据区域制造和商贸企业需求，进行装车或临时堆存。

5. 到达箱作业

到达箱是指经集装箱班列运输进入铁路集装箱中心站后等待提箱的集装箱，根据该箱到达中心站后去向可分 3 种情况：

（1）直接从集装箱班列上转移至集装箱运输车辆送往客户要求地，对外部货车的到达时间有严格要求。为保证高质量服务水平，需保证外部货车与集装箱班列到达时刻无缝衔接。这种运输方式难度较高，需要高效信息管理平台协助。

（2）先卸载至集装箱堆垛区暂存，待外部货车进站后再将集装箱装载到外部货车出站。出现此情况的原因是外部货车与集装箱班列到位时间衔接不佳，集装箱班列先到达后须等待外部货车到来才能完成作业。

（3）经中欧班列专送的国际箱，须先经过海关安检后由内部货车送至辅助堆存区相应位置堆存。目标集装箱班列到来后，轨道式集装箱起重机先将集装箱从班列卸载至内部货车，再由内部货车转运至海关安检，合格后水平运输至辅助堆存区，由辅助堆垛区内装卸设备对集装箱进行卸载、堆垛作业。

6. 发送箱作业

发送箱作业流程根据集装箱的类型可以分为3种情况：

（1）可直接装车的集装箱，包括集装箱班列到达前或者刚刚到达时，外部货车已将集装箱送至待装载位置。原堆存于集装箱堆垛区的集装箱由轨道式集装箱起重机装载至集装箱班列。原堆存于辅助堆存区的国际箱，先由内部货车转运至集装箱堆垛区，再由轨道式集装箱起重机装载至集装箱班列，其前提是外部货车到达时刻与集装箱班列到达时刻衔接良好方可直接装车。

（2）不可直接装车的集装箱，由外部货车运进的集装箱先经轨道式集装箱起重机卸载后堆垛在集装箱堆垛区或辅助箱区（集装箱堆垛区空间不足时）。待发车时，将该箱由内部货车转运至主装卸作业区后，经轨道式集装箱起重机装载至集装箱班列。不合理的调度或者偶然的随机事件是造成此情况的主要原因。

（3）国际箱等特殊性质箱，在待发送时先由内部货车将其从辅助堆存区转运至主装卸作业区经轨道式集装箱起重机装载至集装箱班列。

7. 中转箱作业

中转箱作业根据是否需要堆存至堆垛（存）区分为2种情况：

（1）直接中转，不需要堆存至主装卸堆垛区或辅助堆存区。集装箱班列到达后，轨道式集装箱起重机从到达班列直接取箱装载到发送班列。为保证完工时间最短，到达班列与发送班列的时间需良好衔接。

（2）落地中转，从到达班列提取的集装箱，由于发送班列暂未到达需要先被暂存至堆垛（存）区。待发送班列到达后，先由内部货车转运至主装卸作业区，再由装卸设备将该集装箱装载至发送集装箱班列。

8. 空箱作业

空箱作业流程完全不同于重箱的作业流程，系统独有作业流程涵盖3种情况况，具体如下：

（1）由集装箱班列运进铁路集装箱中心站的空箱，完好箱卸载后由内部货车转运至辅助堆存区空箱区堆垛，破损箱由内部货车送至服务区维修箱区堆垛（此时到达空箱没有污箱）。客户返回的空箱，经入口检查确认完好的送至辅助堆存区堆垛，破损箱则由内部货车转运至服务区维修箱区堆垛修缮，污箱送至服务区的清洗区堆垛清洗。

（2）需要发送的空箱，从辅助堆存区的空箱区装载到内部货车上，转运至主装卸作业区，然后直接装载到待发的集装箱班列。需要送往客户要求地的空箱，在空箱区经装卸设备装载到外部货车，经出入口验箱查箱、核对票据后，运往客户指定的交付地点。

（3）站内维修的破损箱，修理完好后经装卸设备卸载，然后由内部货车转运至空箱区。未能在站内修理的破损箱，送至站外专门维修点修理完好后，重新送回空箱区。污箱被内部货车送至清洗区经清洗处理后，由内部货车送至辅助堆存区的空箱区。

第七章 海铁联运站场设施布局优化

随着国家工业化和信息化的发展，国家对交通运输的发展提出了更高的要求，海铁联运站场的布局优化势在必行。海铁联运站场能够大幅提高港口集疏运效率，是港区货物集散中心和组织中心，其功能布局的合理布置是实现海铁联运的基本保证，而我国站场设施普遍存在布局不合理、流线交叉较多、集疏运效率低等问题，成为制约我国海铁联运发展的关键问题。

本章旨在提供一套布局指导规范，将铁运和海运联系在一起，做好海铁之间集装箱的换装作业的准备工作，最大程度实现运输的“无缝衔接”、作业流程顺畅，使作业效率大大提高。首先介绍海铁联运站场设施的构成，提出不同类型的海铁联运站场内设施配置标准；此外，结合站场作业工艺研究成果，分析海铁联运站场常见的布局模式和区域布局方式，介绍站场平面布局的优化原则和方法，并对未来的海铁联运站场设施布局的发展趋势进行探讨。

第一节 设施构成

海铁联运站场设施包括海铁联运业务办公设施、海铁联运业务生产设施、海铁联运业务生产辅助设施和生活服务设施，其设施构成应根据海铁联运站场的业务范围和组织模式确定。

海铁联运业务办公设施包括海铁联运业务站房、海铁联运业务生产调度办公室、海铁联运业务信息管理中心和海关报关大厅等；海铁联运业务生产设施包括中转库、仓储库、货棚等仓储设施和码头堆场、货场、装卸作业场、海铁联运车辆中转场、场区道路等；生产辅助设施包括海铁联运车辆维修维护区、海关检验检疫区、物流保税区、停车场、仓储罐（危险品）等设施清洗区、动力设施和供水供热设施等；海铁联运站场还需要视情况配备一定的生活服务设施，如食宿设施等。

海铁联运站场根据不同的货物运输组织方式可以分为零担运输作业区、整车运输作业区、集装箱运输作业区、危险品运输作业区等类型。除了运输组织功能、中转和装卸储运功能、中介代理功能、通信信息功能等一般需具备的功能外，各种类型的站场还需根据其组织模式、服务对象和货类等条件具备特殊的功能，如集装箱运输站场需要具备拆装箱功能、危险品运输站场需要具备挂车清洗功能等。

不同主体功能的海铁联运站场内设施配置标准见表 7-1。

不同主体功能的海铁联运站场设施配置标准 表 7-1

设施类型	设施名称		零担运输作业区	整车运输作业区	集装箱运输作业区	危险品运输作业区
办公设施	海铁联运业务站房		√	√	√	√
	海铁联运业务生产调度办公室		√	√	√	√
	海铁联运业务信息管理中心		√	√	√	√
	海关报关大厅		√	√	√	√
生产设施	库（棚）设施及信息交易中心	海铁联运中转库	√	○	○	○
		海铁联运仓储库	○	√	√	√
		海铁联运货棚	○	○	○	○
		海铁联运信息交易中心	√	√	√	√
	场地及道路设施	集装箱堆场	×	×	√	×
		货场	○	√	√	○

续上表

设施类型	设施名称		零担运输作业区	整车运输作业区	集装箱运输作业区	危险品运输作业区
生产设施	场地及道路设施	装卸作业场	√	○	√	√
		车辆中转场	√	√	√	√
		场区道路	√	√	√	√
生产辅助设施	仓储罐等设施清洗区		×	×	×	√
	海铁联运车辆维修维护区		○	○	○	○
	海关检验检疫区		○	○	○	○
	物流保税区		○	○	○	○
	停车场		○	○	○	○
	动力设施		√	√	√	√
	供水供热设施		√	√	√	√
	环保设施		○	○	○	○
生活服务设施	食宿设施		○	○	○	○
	其他服务设施		○	○	○	○

注：表中“√”为必选，“○”为视条件，“×”为无须配备。

第二节 功能布局

一、功能分区

站场是包括基本功能、增值功能和其他延伸功能的功能性中心站。最小化集装箱班列站内停靠时间，最大化集装箱运输车辆服务水平和集装箱周转率是站场管理的重点，合理布局成为高效运营重要影响因素。海铁联运站场的布局要求包括：现代化程度高、信息化程度高、作业规模能力大，能最大程度减少吊装和换装环节，对日后的业务量增长及港口的集疏运能力扩展有着积极的作用。

海铁联运站站场布局要求的核心主要是将铁路运输和海路运输联系在一起，做好车船之间集装箱换装作业的准备工作，最大程度上实现运输的“无缝衔接”、作业流程顺畅，提高作业效率。海铁联运站场布局主要依靠其功能进行分区，一般主要由主装卸作业区、辅助堆存区和服务区3部分组成，在站场内需要对停靠站场的集装箱班列进行的作业包括集装箱存储、转运或卸载至指定区域、指定车辆以及将需要发送离开的集装箱装箱的作业。

1. 主装卸作业区

主装卸作业区是站场的核心业务区域，在该区域范围内可完成集装箱运输车辆、集装箱班列及堆场的装卸、转运作业。通过作业操作属性可将区域细分为：发送箱区、到达箱区与中转箱区。其中主要涉及的设备有集装箱运输车辆、轨道式集装箱起重机、集装箱班列及其他辅助装卸设备（叉车、集装箱正面吊运机）。

2. 辅助堆存区

辅助堆存区用于辅助主装卸作业区内的主堆场（集装箱堆垛区）完成暂时堆存作业，主要用来堆存除普通重箱以外的其他特殊性质集装箱，当主堆场能力不足时也可用于堆存普通箱。故辅助堆存区除普通重箱区外，一般还设立国际箱区、冷藏箱区、专用箱区、空箱区等。

3. 服务区

服务区是站场内除主装卸作业区、辅助堆存区的其他区域。主要是非装卸作业必经之处，由检测大门、安检区、服务中心、维修区、清洗区及综合管理中心等组成。

二、布局模式

海铁联运站场的布局模式多种多样，根据不同的分类角度可划分为不同的布局模式。根据区位，即港口与海铁联运站场的位置关系，可将其划分为港口内海铁联运站场布局和港口外海铁联运站场布局；根据吊装设备的种类可将其划分为以轨道式集装箱龙门起重机为主型机械的海铁联运站场布局和以集装箱正面吊运机为主型机械的海铁联运站场布局。

（一）基于不同区位的海铁联运站场布局

1. 港口内海铁联运站场布局

当货运量不大时，海铁联运站场一般会设置在港口内，位于港口内前方堆场与后方堆场之间，此时海铁联运站场的堆场与港口的堆场共用一个空间，这样可以减少工程投资、减少占地空间、实现资源共享。港口内海铁联运站场主要通过岸边装卸区实现海运和铁路运输的衔接。港口内海铁联运站场的列车装卸区，一般为货运列车的始发站或终点站，主要是铁路列车停靠并进行车辆装卸作业的场所，列车装卸区可以置于港口堆场的后方，或者伸入到港口前沿。一般不在港口前沿设置列车装卸区，原因是港口前沿作业比较繁忙，应该减少列车装卸和港口前沿其他作业之间的干扰。除上述独有的特点外，港口内海铁联运站场还具备一般海铁联运站场的功能区，即主装卸作业区、辅助堆存区和服务区，其布局如图 7-1 所示。

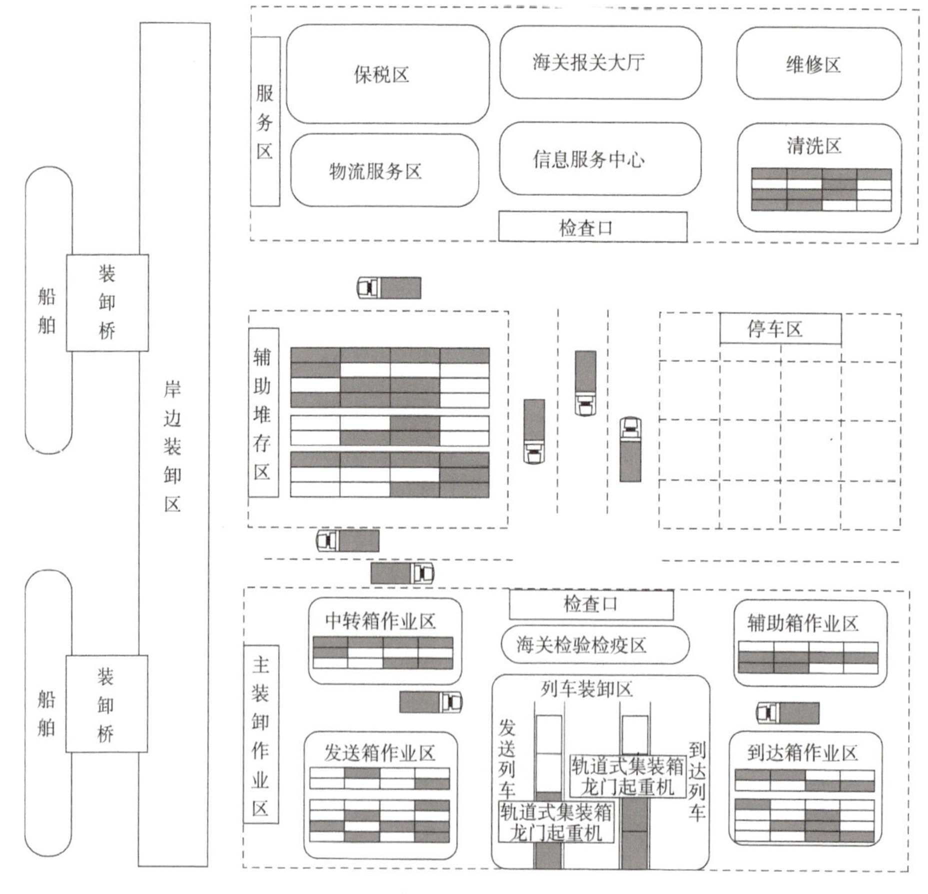

图 7-1　港口内海铁联运站场布局

港口内海铁联运站铁路专用装卸线采用前沿式布局形式，在码头前沿布置铁路专用装卸线，无须使用集装箱运输车辆或轨道门吊等设备辅助换装作业，岸桥直接将集装箱从船舶上装运至列车上，实现换装。该模式下的集装箱港口平面布局如图 7-2 所示。

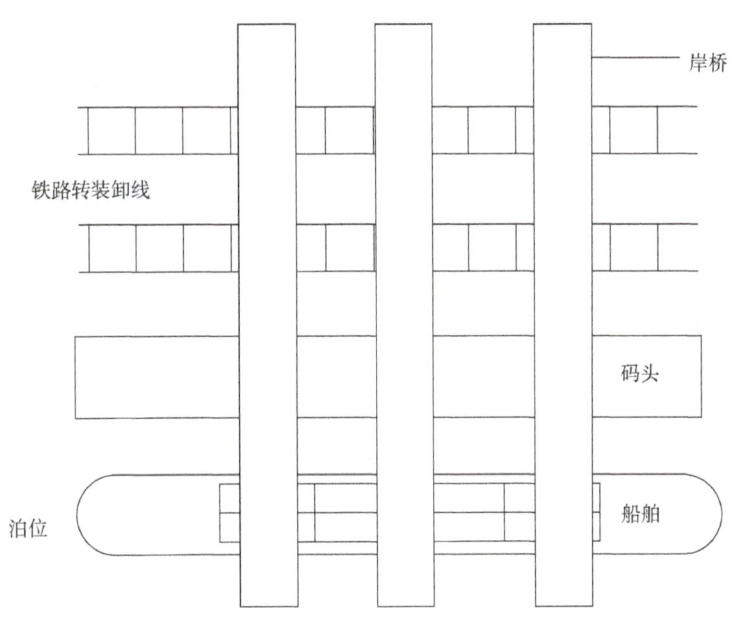

图 7-2　前沿式平面布局示意图

2. 港口外海铁联运站场布局

当货运量较大时，为了减少不同工作间的相互干扰，将海铁联运站场设置在港口外，站内设施比较完整，港站主要办理集装箱发送作业、中转作业和到达作业。港口外海铁联运站场主要通过港口高速公路以货车为载体实现海运和铁路运输的衔接。港口外海铁联运站场的列车装卸区，一般是货运列车运行线路的经过区域，主要是铁路列车停靠并进行车辆装卸作业的场所，列车装卸区置于货运列车铁路沿线。港口外海铁联运站场的停车区为港口到达站场的车辆再次进行车辆的分组和集结作业，并向港口或列车装卸区进行取送作业的主要场所。除上述独有的特点外，港口外海铁联运站场同样也具备一般海铁联运站场的功能区，即主装卸作业区、辅助堆存区和服务区，其布局如图 7-3 所示。

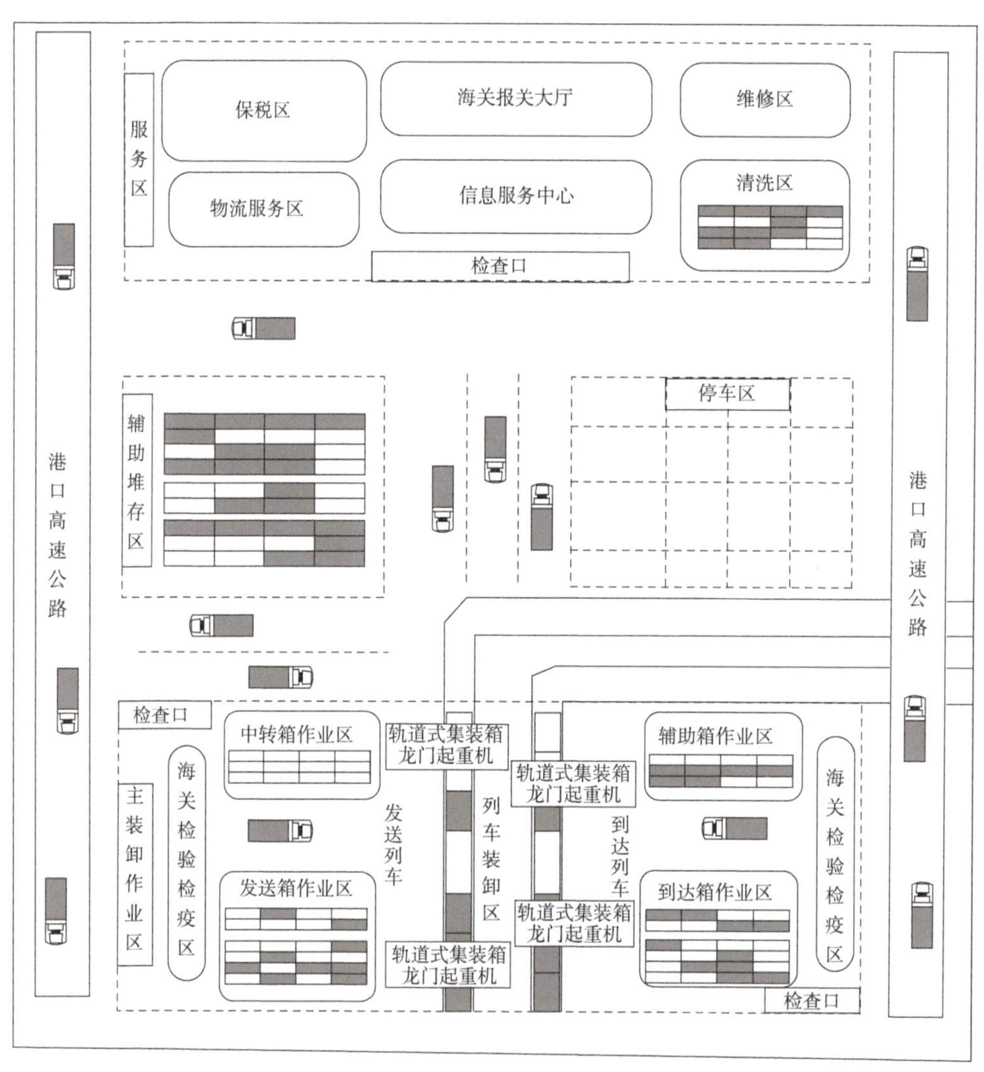

图 7-3　港口外海铁联运站场布局

港口内海铁联运站铁路专用装卸线采用前沿式布局形式，通常布置在码头后方，因此，从码头前沿到铁路专用线的集装箱水平运输需要集装箱运输车辆等设备协助。目前，国内大多数的集装箱港口采用后方式布局的布置形式。该模式下的集装箱港口平面布局如图 7-4 所示。

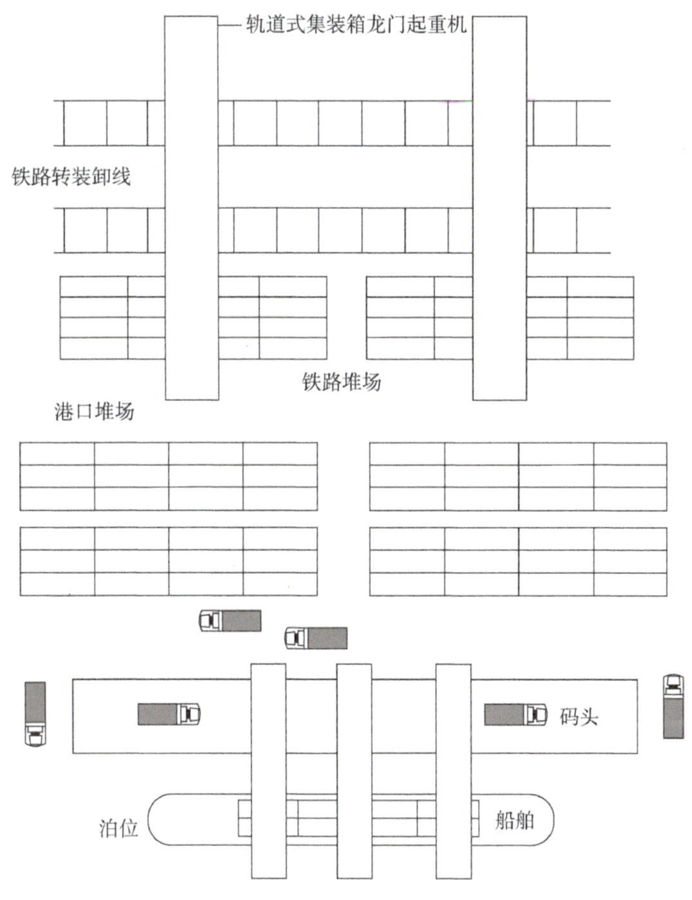

图 7-4　后方式平面布局示意图

（二）基于吊装设备的海铁联运站场布局

1. 以轨道式集装箱龙门起重机为主型机械的海铁联运站场布局

通常情况下，以轨道式集装箱龙门起重机作为主型机械的站场是一个开放式的集装箱物流系统，外部是由两个接口构成的，并且接口具有不同的功能。首先，连接装卸线部分的铁路接口，其作用在于装卸已经到达的集装箱专列，能够与全国铁路集装箱结点站、中心站以及办理站等进行联结。其次，中心站大门接口的作用是允许集装箱装卸货车进出站场来进行接送货。以上两个接口组成的系统也就是站场基本的布局，如图 7-5 所示。

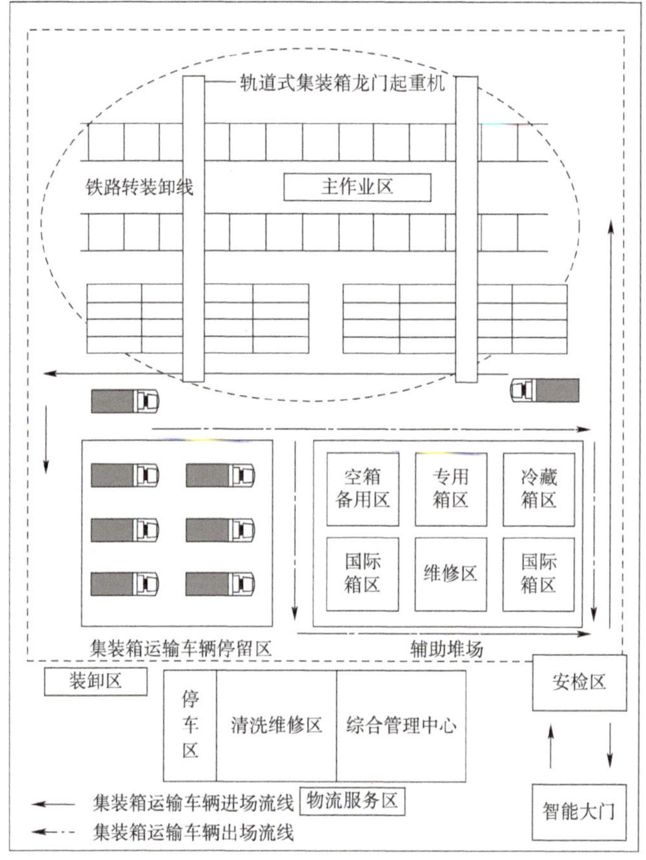

图 7-5 以轨道式集装箱龙门起重机为主型机械的站场布局

2. 以集装箱正面吊运机为主型机械的海铁联运站场布局

以集装箱正面吊运机为主型机械的海铁联运站场与传统的站场存在着较多的不同点，其中最为主要的区别在于主作业区、作业设备、储存方法、集装箱堆存效率等。集装箱在站内需要进行多种业务的操作，比如说搬运货物、装卸、拆装设备以及清洗设备等。因此，集装箱列车与中心站需要建立健全连接系统，双方将作为一个整体来提升作业的效率，与此同时还需要对部分的辅助设备进行配置。所以说，以集装箱正面吊运机作为一种主型机械的站场主要的设施比较多，并且需要配置相关的设施，包括主箱场、铁路装卸线、道路以及检测大门等。根据集装箱正面吊运机的特点，在进行站场的布局过程中需要关注堆箱区的数量、装卸线条数以及作业通道数量。铁路集装箱结点站一般作业的宽度在 60m，布置

2 条作业通道、2 条装卸线、2 条集装箱运输车辆通道以及 4 排箱位等，其中布局如图 7-6 所示。

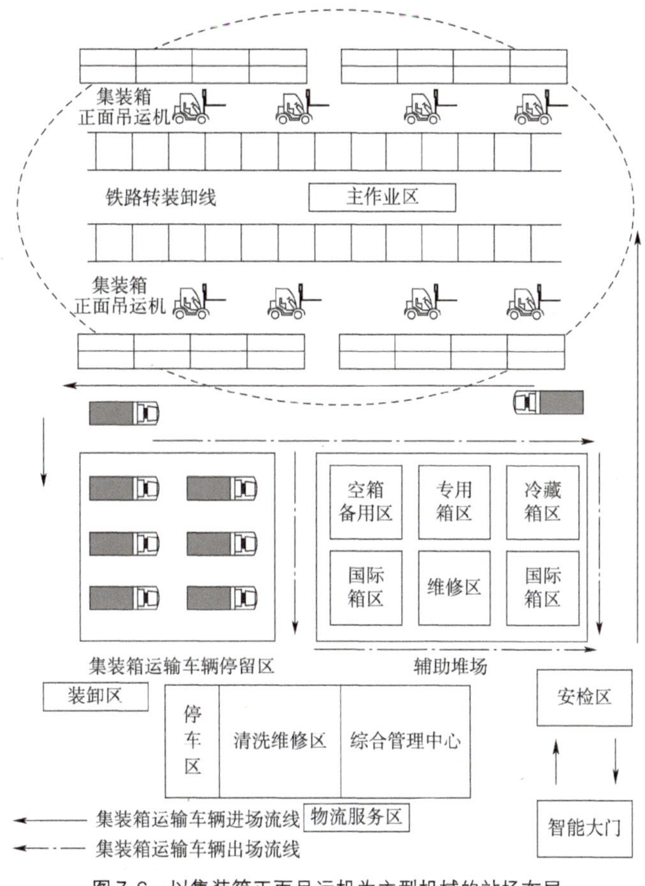

图 7-6　以集装箱正面吊运机为主型机械的站场布局

第三节 优化方法

一、优化原则

由于沿海港口海铁联运站场承担着港口集疏运的重要任务，与城市交通、环保、城市规划等多个领域存在相互影响，因此，站场应合理建设，合理规划，遵循以下原则。

1. 经济适用性原则

在进行规划建设时，应首先考虑是否适应地区经济发展形势，对建设必要性及可行性进行分析。重点突出潜在社会效益或者直接经济收益，并吸引相关物流货运企业更多参与到多式联运中。

2. 产业结构匹配原则

由于沿海港口海铁联运站场是着重为港口服务的中转枢纽，因此，在进行规划时，应考虑各级港口、港区和道路规划的需求与布置，按照所在区域产业结构及经济发展方式科学合理分析规划。

3. 适度超前原则

由于目前我国国民经济以及产业结构调整仍然发展较为迅速，因此规划建设时应多参照国内外先进物流经验，秉持适度超前的原则，长远规划，预留发展空间，满足未来的调整及扩充。

应在硬件合理规划和建设的同时，大力完善物流服务功能，充分利用现代信息技术，按照市场化运作模式满足港口及腹地物流需求。

二、设施规模

（一）办公设施

1. 业务站房

业务站房指海铁联运业务人员工作间，货主办理海铁联运托运手续、中转手续及提货手续的场所，海铁联运人员生产调度办公室。

多式联运站房面积按下式计算：

$$A_1 = A_{11} + A_{12} + A_{13} + A_{14} = a_1 \times R_1 + a_2 \times R_2 + a_3 \times R_3 + a_4 \times R_4 \qquad (7\text{-}1)$$

式中：A_1——多式联运业务站房面积（m^2）；

A_{11}——多式联运货物受理处工作间面积（m^2）；

A_{12}——多式联运货物提货处面积（m^2）；

A_{13}——生产调度业务办公区面积（m^2）；

A_{14}——其他业务办公区面积（m^2）；

a_1——货物受理处人均所需面积（m^2/人），一般取 5～10m^2/人；

R_1——受理处业务人员数（人）；

a_2——提货处人均所需面积（m^2/人），一般取5～10m^2/人；

R_2——为提货处业务人员数（人）；

a_3——生产调度室人均所需面积（m^2/人），一般取5～10m^2/人；

R_3——生产调度业务办公区业务人员数（人）；

a_4——其他业务办公区人均所需面积（m^2/人），一般取5～10m^2/人；

R_4——其他业务办公区业务人员数（人）。

2. 信息管理中心

信息管理中心指机房、工作人员办公室场所、信息发布室及供用户信息查询的场所。

业务信息管理中心面积一般不小于站场总建筑面积的3‰，一般在3‰～5‰之间配置。

（二）生产作业设施

1. 集装箱交验区

集装箱交验区指交付和检查集装箱的场所。

集装箱检查区面积：

$$A_2 = Q_1 \times T_1 \times a_5 \tag{7-2}$$

式中：A_2——集装箱检查区面积（m^2）；

Q_1——集装箱检查量（TEU/d）；

T_1——集装箱平均检查时间（min）；

a_5——平均每个集装箱检查占地面积（m^2/TEU）。

2. 集装箱堆场

集装箱堆场指堆存集装箱的场地，集装箱堆场的建设要求如下：

（1）集装箱堆场应靠近集装箱作业区，并衔接枢纽内部主要道路和铁路专用线。

（2）场地强度应满足集装箱堆码需要，并且应有一定坡度，以利于排水。

（3）集装箱堆场包括重箱堆场、空箱堆场、滞留箱堆场、专用箱堆场、备用箱堆场、冷藏箱及危险品堆存区。如果多式联运站场具有外贸业务，则应还包括国际箱堆场。堆场布局应合理。

集装箱堆场面积：

$$A_3 = \frac{D_1 \times K_1 \times T_2 \times E_1}{T \times H \times K_g} \tag{7-3}$$

式中：A_3——集装箱堆场面积（m^2）；

D_1——集装箱堆场年堆存量（TEU/a）；

K_1——不均衡系数，一般取1.3～1.5；

T_2——集装箱平均堆存期（d），一般取5～7d；

E_1——每一平面箱位面积（m^2），按装卸工艺方式所需每一平面箱位面积值见表7-2；

T——年工作天数（d）；

H——堆码层数（层）；

K_g——高度利用系数。

不同装卸工艺方式所需每一平面箱位面积值（单位：m^2） 表7-2

装卸机械	轮胎式龙门起重机方式	跨运车方式	正面吊运机方式	叉车方式
E1	30～35	35～40	40～45	65～70

3. 集装箱装卸作业场

集装箱装卸作业场是指集装箱运输车辆进行装卸集装箱作业的场地，集装箱装卸作业场的建设要求如下：

（1）在各类仓库、货场、铁路专用线一侧或者两侧及集装箱码头附近设置装箱装卸作业场，并衔接枢纽内部主要道路和铁路专用线。

（2）铁路专用线装卸作业场宽度应大于13.5m，具有驮背运输功能的海铁联运站场铁路专用线装卸作业场宽度应大于16.81m。

（3）具有驮背运输功能的海铁联运站场铁路专用线装卸作业场与铁轨之间须铺设供集装箱货车通行的硬化地面。硬化地面宽度以按线路一侧最近一根钢轨为起始点应不小于9m，强度应能满足公路货车总重60t、单轴最大载荷11.5t的要求。

（4）具有驮背运输功能的海铁联运站场铁路专用线装卸作业场两端应具备

长度18.1m的运输车辆掉头的行车条件。

（5）具有驮背运输功能的海铁联运站场铁路专用线装卸作业场应向进行装卸作业的驮背运输车提供AC380V动力电源并以安装配电柜方式供电。配电柜应可以满足至少1组（2辆）驮背运输车同时作业时的要求，并设置过载保护及专用搭铁保护装置，保护电流应不超过60A，接地电阻应不大于4Ω。装卸作业场内地面电源装置应具有防尘、防雨及漏电保护功能。

4. 集装箱运输车辆停车场

集装箱运输车辆停车场指集装箱空车等待装箱和重车等待卸箱的场所，集装箱运输车辆停车场应临近集装箱交验区或仓库。

集装箱运输车辆停车场面积：

$$A_9 = 3 \times N \times F \tag{7-4}$$

式中：A_9——集装箱运输车辆停车场面积（m^2）；

N——日停车数量（辆）；

F——集装箱运输车辆垂直投影面积（m^2）。

5. 集装箱拆装箱库和作业场

集装箱拆装箱库和作业场建设应满足以下要求：

（1）集装箱拆装箱库应临近拆装箱作业场，并且和枢纽内主要道路衔接。

（2）拆装箱库可设计为单面作业或者双面作业。

（3）集装箱库的站台应建成高站台，站台宽度不小于3m，高度1.3～1.4m。安装装卸车升降平台，并于两端设置斜坡供装卸机械进出仓库。

（4）集装箱拆装箱库设计应符合《集装箱公路中转站站级划分及设备配备》（GB/T 12419）的技术要求。

集装箱拆装箱库面积：

$$A_4 = \frac{Q_2 \times G \times T_3 \times a_6}{f_1} \tag{7-5}$$

式中：A_4——集装箱拆装箱库面积（m^2）；

Q_2——日平均拆装箱数量（TEU/d）；

G——平均每集装箱的货物重量（t/TEU），一般取11～13t/TEU；

T_3——集装箱平均堆存期（d），一般取3～5d；

a_6——每吨货物占地面积（m^2/t）；

f_1——面积利用系数，一般取0.6～0.7。

集装箱拆装箱库高站台场面积：

$$A_5 = L_1 \times a_7 \tag{7-6}$$

式中：A_5——集装箱拆装箱库高站台场面积（m^2）；

L_1——高站台长度（m）；

a_7——高站台宽度（m）。

集装箱拆装箱作业场面积：

（1）单面作业装卸场：

单面作业拆装箱作业场面积按下式计算：

$$A_6 = 2 \times L_2 \times L_t \tag{7-7}$$

式中：A_6——单面作业拆装箱作业场面积（m^2）；

L_2——拆装箱库总长度（m）；

L_t——集装箱运输车辆长度（m）。

（2）双面作业装卸场：

双面作业拆装箱作业场面积按下式计算：

$$A_7 = 4 \times L_2 \times L_t \tag{7-8}$$

式中：A_7——双面作业拆装箱作业场面积（m^2）。

6. 多式联运信息交易中心

多式联运信息交易中心建设要求如下：

（1）多式联运信息交易中心应配备信息发布平台、电子显示设备。

（2）多式联运信息中心应配备电子监控设备。

7. 交通线路

交通线包括枢纽内部道路、铁路专用线。建设应满足以下要求：

（1）枢纽内部道路应与外部道路有良好衔接。人流和车流应分离，机动车道和非机动车道隔离。尽量保证单向车流，道路标志标线的设置应符合《道路交通标志和标线》（GB 5768）的技术要求。

（2）枢纽内部主要道路宽度应不低于15m，以15～30m较为适宜。其他次要道路宽度不低于9m，以9～15m较为适宜。

（3）枢纽内部道路内缘转弯半径不低于12m，对于集装箱拖挂车、载重15～25t的挂车，道路内缘转弯半径不低于16m，载重40t以上的挂车，道路内缘转弯半径不低于18m。

（4）枢纽内须有铁路专用线或铁路货场，铁路专用线装卸作业有效长度不小于800m。

（三）生产辅助设施和生活服务设施

1. 生产辅助设施

生产辅助设施应包括安全监控设施、防灾灭火设施、车辆维修维护设施、集装箱维修和清洗设施、动力设施、供水供热设施、环保设施等。生产性辅助设施可按照具体要求设置。

2. 生活服务设施

生活服务设施应包括食宿设施和其他服务设施。多式联运业务生活服务设施可按照具体需求设置。

（四）设备配置

1. 运输车辆

根据枢纽的具体需求量进行配备。

2. 装卸机械

站场装卸机械包括叉车、搬运车、集装箱正面吊运机、轨道式集装箱门式起重机、集装箱空箱堆垛机等，根据集装箱年堆存量、箱型、装卸工艺方案并结合发展规划合理选配。

3. 拆装箱作业机械

集装箱拆装箱场应配备小型低门架叉车进行集装箱的拆装作业，根据年拆装箱量和拆装工艺要求合理选配。

4. 集装箱清洗和维修设备

根据集装箱维修和清洗工作量合理选配。

集装箱维修（清洗）房面积：

$$A_8 = Q_3 \times T_3 \times a_8 \quad (7\text{-}9)$$

式中：A_8——集装箱维修（清洗）房面积（m^2）；

Q_3——日均集装箱维修（清洗）量（TEU/d）；

T_3——集装箱平均维修（清洗）时间（d）；

a_8——平均每个集装箱维修（清洗）占地面积（m^2/TEU）。

5. 搬运设备

搬运设备包括场地牵引车、叉车、堆高机、集装箱正面吊运机等，根据工作量需要合理选配。

6. 计量设备

出入口处应配置电子汽车衡，并设置汽车检斤时所需要的停车场地，且不影响主要道路上其他车辆通行。计量检测房应设于视线良好的地段。具备驮背运输功能的站场应设置限界检测装置、偏载检测装置、大型地磅（60t）和安全检查设备等，防止驮背车装载后超限、超载，确保运输安全。

7. 安全、消防及环保设备

站场的安全、消防和环保设备的配备应符合国家标准相关规定。

三、影响因素

影响海铁联运站场形成的因素可以分为以下三个方面，即外部条件、内生动力以及政策环境。

1. 外部条件

受经济发展阶段、产业空间布局的影响，我国货物运输的格局已经初步成形。同时国家区域发展战略的实施、跨区域经济的深层次的合作，又为资源的重组和优化提出了新的要求，将激发新的运输市场需求，打破原有的运输格局，使得海铁联运发展迎来新的机遇。与此同时，我国交通基础设施正进入连线成网的关键期，综合运输体系日趋完善，交通运输与现代物流融合发展日益紧密，现代物流业对交通运输在时效性、可控性等方面的高要求，将进一步促进各种运输方式的合理分工、运输资源高效配置和不同运输方式的有效衔接，使得各种运输方式由竞相发展向协同发展方向转变。信息化、标准化建设的日益完善，先进技术的逐步推广，也为海铁联运发展提供了重要支撑。可以认为，加快海铁联运站场建设的外部环境已经具备。

2. 内生动力

首先，海铁联运站场是在一定市场需求规模的基础上形成的。一般而言，市场需求来源于三个方面，一是生活性需求，与城市实际消费人口数量、城市消费水平、区域经济活跃度、大型零售商和电商企业发展密切相关。二是生产性需求，与制造业物流需求（原材料供应、生产规模、生产物料投入）、流通加工需求以及工程建设密切相关。三是中转需求，与过境中转量和本区域集散量密切相关。其中，交通区位条件具有决定性的影响。市场需求规模与特点是站场形成的内在动力。其次，海铁联运站场形成要求各种运输方式发展比较成熟，运输市场机制相对完善，各运输方式不是孤立和封闭的，具备相互衔接、协同作业的基础和条件，有能力完成较大规模的物资高效中转换装。同时能够使得货物对运输方式的选择有较大空间，最大程度体现经济和社会效益，充分发挥海铁联运的作用。

3. 政策环境

海铁联运站场所拥有的运输资源具有一定的稀缺性，同时提供的服务具有较强的公共性。在我国现有的经济体制之下，政府的宏观管理对站场形成具有较大的影响作用。一方面需要中央政府部门发挥资源配置的职能，通过顶层设计，如制定规划、资金扶持等，引导运输资源优化配置，逐步形成全国范围内若干个大型的海铁联运站场；另一方面，地方政府在土地、财税等方面的支持政策也是影响站场建成的重要因素。

四、SLP 方法

采用 SLP 方法，分析影响功能区划分的基本因素、各功能区之间的作业流程，以及物流和非物流相关性，在此基础上对各功能区布局进行优化。

利用 SLP 方法进行站场功能区的划分，主要是对站场的作业流程进行分析，确定功能区类型，通过物流相关性和非物流相关性两方面分别建立相关性表格进行综合性分析，得到功能区的位置图。同时，还应考虑站内交通线路的设置和规模影响等因素，根据实际的地理条件设计总体规划图。站场功能区划分流程如图 7-7 所示。

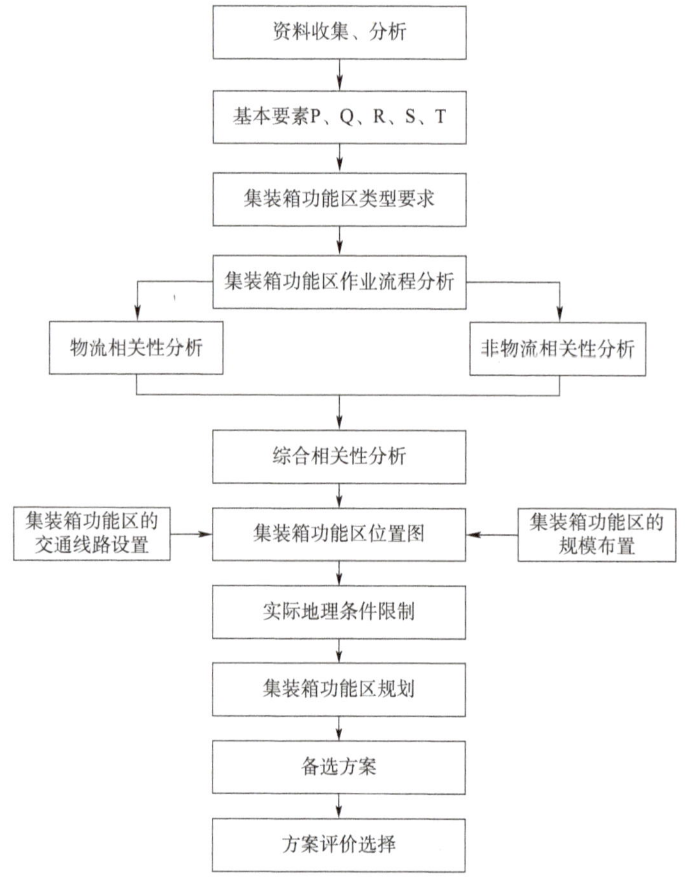

图 7-7 站场功能区划分流程

利用 SLP 方法进行优化后的站场设施布局如图 7-8 所示。

在图 7-8 中，装卸作业区域的功能区划分以一条铁路轨道为例。根据装卸机械的现有条件，为了配合吊车的使用，单侧设置发送到达箱区，并且交替安排，目的是保障集装箱的装车和发车作业高效进行。堆场区域内，虚线区域表示辅助箱区，分为前方堆场和后方堆场两部分。为配合修箱区和洗箱区的工作，在东侧设置问题箱区和冷藏箱区。后方堆场安排空箱区和备用箱区，其他专用、滞留、国际箱区均设置在前方堆场，目的是使装卸作业过程中的一些特殊集装箱尽快落实到相关箱区。中转箱区和商检区均设置在前方堆场，保证发送、到达箱区的衔接工作，以及完成后方堆场物流服务区和货运站区的集装箱转运。由于综合服务区和物流服务区在集装箱站内运输中作用不大，故设置在中心站后方堆场西侧。但考虑到货运站需要与物流服务区产生合作，故两者临近。中心站设置两个停车场，分别设置在前方堆场和后方堆场。为了保证发送区、到达区与前方堆场和前方堆场与后方堆场之间集装箱运输的便利性，以及考虑到中转箱区和辅助箱区的集装箱转运频繁，故停车场设置在两者之间。

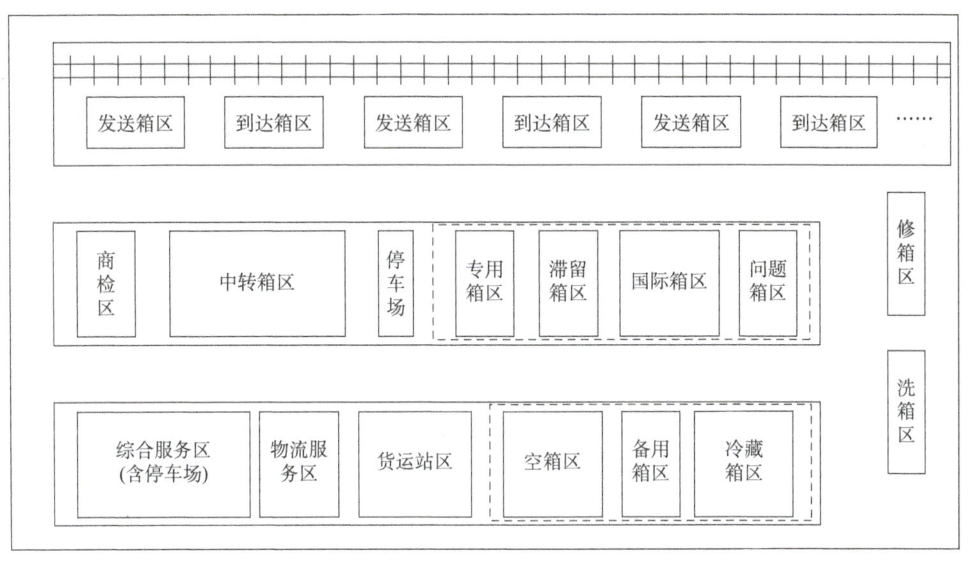

图 7-8　SLP 优化后的站场设施布局

五、系统仿真方法

（一）AutoMod 仿真方法

AutoMod 是计算机模拟软件包，由布鲁克斯公司（Brooks）开发，是基于 AutoMod 模拟语言的通用仿真软件，适用于建立功能区布局仿真模型，具有 3D 虚拟现实动画、互动建模、统计分析等功能。主要包括三大模块：AutoMod、AutoStat 和 AutoView。其中，AutoMod 模块用来仿真，AutoStat 模块为仿真项目提供增强的统计分析工具，自动在 AutoMod 的模型上执行统计分析，AutoView 模块 AutoView 可以提供动态的场景描述和灵活的显示方式。

根据集装箱中心站功能区的初步布局，通过建立 AutoMod 模型并进行 AutoMod 仿真和 AutoStat 分析优化，主要考察集装箱中心站功能区的动态运作效果、搬运成本、道路交通情况和功能区库存量等指标，对功能区的占地面积、相对区位与交通路网等方面进行调整，依据综合评价的结果，对初步布局进行修正，得到功能区的最终布局。

1. AutoMod Model Editor 模块下的建模

AutoMod 的建模方式是面向过程的，程序中各个动作的着眼点和主体均为通过系统的临时实体。使用 AutoMod 建立模型，首先要定义每一种实体，然后编辑实体的属性，属性包括实体的容量、速度与工作时间服从概率分布等，以及实体图形的 3D 显示。然后编写资源文件（Source Files），通过临时实体的流程来调用永久实体以及逻辑单元。

AutoMod 的建模，首先从系统层次定义模型所包括的子系统，然后在每个子系统内部定义或者声明实体（变量、函数、系统），然后编辑实体的属性，包括图形等，并对物理单元进行布局设置，建立整个模型的运行逻辑，最后编写源文件进行仿真。

2. AutoStat 模块下的优化

仿真优化的目的就是利用仿真方法去寻找并确定系统中用户感兴趣的参数，并且进行优化。AutoStat 使用遗传算法寻优，通过仿真分析找到功能区布局中影响因素和出现瓶颈现象的位置以及产生的原因。针对这些原因，调整功能区位置、规模或改变其他与此相关的因素来改善整个物流中心的作业，消除瓶颈现象，并应用 AutoStat 模块进行多次快速仿真和多次仿真的数据分析来确定最优布局。

（二）AnyLogic 仿真方法

AnyLogic 是一款以系统设计方法论为基础的仿真软件。AnyLogic 软件将 UML 语言引入模型仿真中，支持智能体仿真、离散事件仿真、系统动力学仿真以及多方法混合仿真，其应用领域非常广泛。目前有关 AnyLogic 仿真的应用研究主要包括行人疏散仿真、地铁站站台运作仿真、港口船舶运作仿真、物流配送中心运作仿真、行人交通仿真、评估平台仿真以及排队论角度仿真等。

在采用 SLP 方法进行集装箱中心站功能区布局规划时，最优布局规划方案的选择以往都采用主观评价方法，涉及的评价指标选择、指标权重数值、指标分值等，具有很大的主观性，使得功能区块位置关系的确定过程受到非常大的人为主观因素影响。

AnyLogic 仿真技术可以通过分析集装箱中心站内部作业流程构建初步布局规划方案系统仿真模型，模拟中心站内部实际运作情况，输出评价指标结果。将 AnyLogic 软件模型仿真获得的指标运行结果作为布局规划最终方案的决策标准，分析优化得到最终的布局规划方案，以期达到集装箱中心站最优的运作效率，降低功能区块位置关系的确定过程受主观因素影响的程度。

（三）Flexsim 仿真方法

Flexsim 是一款集数据分析、动画设计、仿真模拟、智能处理功能为一身的离散事件仿真软件，在模拟现实作业的动态流程以及提高作业环节效率方面展现了强大的功能作用。实际仿真建模过程中，应用者通过连线将各类实体链接，设定各实体参数并编辑相应的代码，就可以快速建立起实际作业的三维仿真模型。通过动态作业流程的模拟以及相关数据的输出分析就可以找到实际系统的瓶颈及其问题所在，然后根据结果对作业系统进行优化完善。

Flexsim 的数据分析具有能力强、操作简单、立体感强等特点，在现实生活中，得到了越来越多行业的普遍认可与广泛应用。Flexsim 仿真软件应用步骤：

（1）明确仿真内容、设置仿真目标：针对实际问题进行系统性分析，梳理基本情况后进行定性描述和定量分析，明晰仿真目标。

（2）收集仿真所需要数据并进行仿真建模：根据研究问题收集仿真内容所需的相关数据，进一步明确仿真参数和实体数量，并构建相应模型。

（3）运行、优化、调试仿真模型：一般情况下，初步构建的仿真模型仿真结果往往与实际情况有一定偏差，故而需要借助获取的仿真结果数据对模型进行不断优化调试，直至模型仿真结果与实际情况之间存在的差值为合理值。

（4）设计仿真试验方案：对仿真模型的输入输出方式、整体作业时间、部分环节运行条件等要素进行进一步确定。

（5）仿真模型运行：运行设计完成的仿真建模方案，获取相关环节、流程数据。

(6) 结果分析：对输出数据进行深入分析。有些情况下，由于仿真模型的部分参数是根据预测结果设计的，可能会导致输出结果并不能很好地仿真系统方案，因此需要对仿真进行多次运行，增加仿真时间，直到达到预期效果，使仿真结果具有较高的精确度。

(7) 对比决策：对比仿真数据输出结果，并根据实际问题不断优化，得到最终的功能区布局。

第四节 发展趋势

一、注重功能完善

长期以来，我国货运枢纽规划、建设分散在各个行业部门，港口、机场、铁路货站和公路站场分散布局、独立运营，在当时的历史条件下，对保障物资流通发挥着重要作用。但随着我国社会经济迅猛发展，对货运枢纽的高效性、可控性、低成本要求日益提高，传统运输的中转型枢纽难以适应发展需求。因此，未来在优化完善综合交通网的基础上，以整合资源、提升效率为重点，以主要港口、铁路枢纽和重点机场为重点，将加快推进具有多式联运功能的综合货运枢纽建设。海铁联运站场建设即为具有多式联运功能的综合货运枢纽中的一种。另一方面，将充分发挥枢纽集聚优势，在优化中转换装核心业务同时，不断拓展仓储、运输、服务、贸易、金融等多元功能，提升枢纽对产业链条的组织能力。

二、注重效率提升

提升效率是建设综合交通运输体系的重要目标之一。近年来，随着综合运输网络不断完善，干线运输能力得到极大提高，枢纽的瓶颈制约影响日益凸显。虽然我国开展了海铁联运、甩挂运输等联运组织方式的试点示范，也取得了一定成绩，但多次倒装、换装不便、换装效率低下等问题仍比较普遍，甚至会造成运输结构失衡等深层次问题，比如一些中长距离运输的“门到门”全运输链条，公路比铁路运输更具有优势，主要制约在铁路枢纽换装环节。因此，提升效率仍是未来站场发展的重点任务。要坚持突出重点、补足短板。针对站场衔接不畅、标准不匹配、信息不互通、体制机制不顺畅等问题，要着力推进设施无缝化、设备标准化、服务一体化、管理智能化，以枢纽为抓手，带动综合交通运输体系的整体效率提升。

三、注重平台打造

适应多样化、专业化运输需求和快速转运发展要求，打造集约化、网络化的枢纽平台成为发展重要趋势之一。一方面是“横向联合”，更加注重在区域或城市范围内，不同运输方式为主的货运枢纽站场之间整合、联动发展，更好地发挥不同运输方式的比较优势和组合效率。另一方面是“纵向拓展”，在全国或更大范围内布局货运枢纽网点，比如大型公路物流园区、铁路集装箱中心站，以港口为中心加快内陆港等的建设步伐，使网络规模效应不断显现。

同时，借助“互联网+”等手段，以线下货运平台为基础，打造线上信息平台，推进线上线下协同发展，已经成为发展趋势，不仅为解决供需双方信息不匹配、提高在货运市场上的竞争力提供有效途径，更重要的是通过信息化手段提升货运枢纽的服务水平和整体竞争力。

四、注重服务创新

随着现代物流不断发展，物流服务需求不断细化、分化，根据不同物流需求特点，货运枢纽（物流园区）加强了对物流、信息流、资金流、商流的全面整合，不断创新商业模式和服务流程。在完善仓储、运输、配送等传统业务功能的同时，加大流通加工、金融物流、商务等服务创新。根据《第四次全国物流园区（基地）调查报告》（2015 年）统计，能够提供金融物流服务功能的物流园区占比已从 2012 年的 16% 上升到 2015 年的 36%。专业化服务能力、标准化服务能力、信息化服务能力、多元化服务能力将成为未来发展的重点。

五、注重产业汇聚

从枢纽与产业发展的相互关系来看，我国货运枢纽发展阶段可以分为独立发展、相互促进和融合发展等3个阶段。以往经验表明，依托枢纽的资源集聚、交通区位等优势，推进枢纽与产业融合发展，是促进区域产业发展的重要途径，比如航空城、港口等城市发展形态。以往，我国枢纽规划布局与区域、产业缺乏有机衔接，枢纽与产业联动发展能力不足。近年来，枢纽与区域产业融合发展理念不断受到重视，依托交通枢纽布局的产业园区、物流园区不断涌现，如上海自贸区、成都国际陆港等，发展潜力巨大。依托枢纽平台，打造产业集聚区、带动形成区域发展增长极（点）是未来发展的必然趋势。

海铁联运站场装卸设备配置及仓储与辅助设施设计参数

第一节 主要装卸设备

提高装卸效率是发挥海铁联运优势的重要环节，装卸设施设备的选取、数量配置的优化等是提高装卸效率的关键技术。应根据不同货类、不同组织模式对装卸的不同需求，分别确定装卸设备种类和技术要求，计算与站场功能、设计能力相配套的装卸设备数量，并确定不同功能的装卸平台的设计参数。

海铁联运站场应配备集装箱及相应的吊装、滚装及平移设备，如门式起重机、集装箱正面吊运机等先进设备。装卸机械的性能与集装箱结点站的作业性质应该对应。所以在选择集装箱结点站的主型装卸机械的时候，应该比较几种集装箱专用装卸机械作业效率、投资大小、运营成本以及场地适应性能等方面，以此来选择适合集装箱结点站作业的主型装卸机械。

一、集装箱

集装箱是能装载包装或无包装货物进行运输，并便于用机械设备进行装卸搬运的一种运输工具。集装箱作为跨部门、跨行业的综合运输工具，在现代综合体系中占有重要的地位，这要求集装箱多式联运标准化工作的开展，从而推动海铁联运，实现集装箱运输的无缝衔接。

（一）国际标准集装箱

ISO 国际标准集装箱具有足够的强度和刚度，可长期反复使用，适于一种或者多种运输方式。在途中转运时，箱内货物不需要换装，其尺寸、结构和强度符合国际标准《系列1：集装箱 分类、尺寸和额定质量》（ISO 668）和《系列1：集装箱 规范和试验》（ISO 1496—1）的封闭型箱体。中国、日本、美国、法国等国家，都全面地引进了国际标准化组织的定义。除了ISO的定义外，还有《集装箱海关公约》（CCC）、《国际集装箱安全公约》（CSC）、英国国家标准和北美太平洋班轮公会等对集装箱下的定义。

ISO国际标准集装箱主要分为干式、冷藏、罐式、框架式集装箱和其他特种集装箱等。干式集装箱，也称通用集装箱，指适用于装载多种干杂货物的集装箱。冷藏集装箱，指具有一定隔热性能，并能保持一定低温，适用于各类食品等冷藏储运的经过特殊设计的集装箱。罐式集装箱，是一般由液罐和框架两部分构件组成，框架具有高强度，与一般集装箱尺寸外形一致，专门用于装运各种液体货物，如液体化学药品、液体食品、各种石油制品及酒类货物等的集装箱。框架式集装箱，指没有箱顶和侧壁，箱端壁也可卸掉，靠箱底和四角柱来承受荷载，用于装载不适于用干货集装箱或开顶集装箱的长大件、超重件和轻泡货物的集装箱。其他特种集装箱，指为适应特种货物运输的需要，而在集装箱的结构和设备方面进行了特殊设计的集装箱。

国际标准集装箱共有3个系列，13种规格。在国际海上集装箱运输中最常用的是1AA型（即40ft）和IC型（即20ft）集装箱2种。1AA型集装箱即40ft干货集装箱，箱内容量可达67.96m^3，一般自重为3800kg，载重吨为26.68t，总载重量30.48t。1C型即20ft集装箱内容量33.2m^3，自重一般为2317kg，载重量为17.9t，总载重量20.32t。

20ft集装箱：外尺寸为6.1m×2.44m×2.59m（20ft×8ft×8ft6in，注：1ft=12in，1in约合25.4mm），即高度2.59m。

40ft集装箱：外尺寸为12.2m×2.44m×2.59m（40ft×8ft×8ft6in），即高度2.59m。

40ft加高集装箱：外尺寸为12.2m×2.44m×2.9m（40ft×8ft×9ft6in），即高度为2.9m。国际标准集装箱部分规格如图8-1所示。

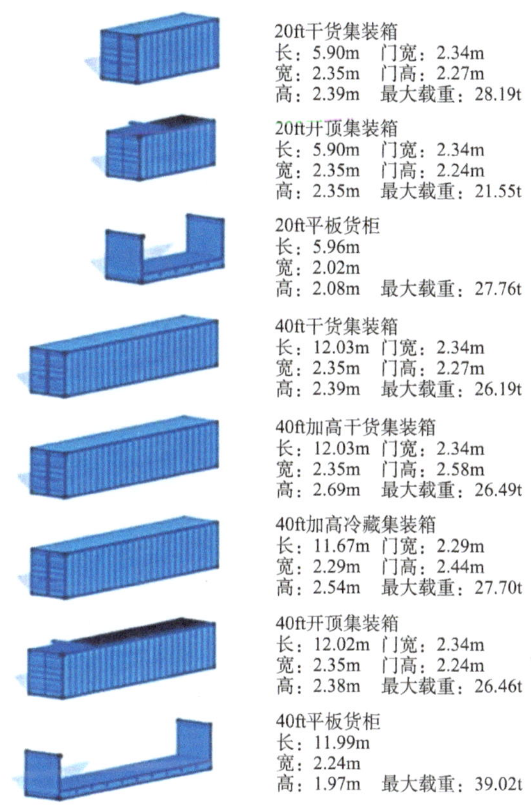

图 8-1 国际标准集装箱部分规格展示图

（二）欧美国家集装箱标准

欧美国家的多式联运实际分为两大基本体系，即：以海运箱为标准运载单元的海铁联运体系和以内陆箱为标准运载单元的公铁联运体系。而集装箱应根据本国特点和需求来开发，如美国是跨东西大陆，所以美国开发 53ft 内陆集装箱，欧洲则采用长度 48ft 的宽体箱，而且有适合于不同物流方式的很多类型的箱体。美国 53ft 内陆集装箱如图 8-2 所示。

1. 欧洲

欧洲有 3 种标准化运载单元：集装箱、半挂车和交换箱体。其中集装箱分两类，一类是传统海运标准箱（ISO 标准），另一类是内陆集装箱。欧洲内陆地区大面积使用内陆箱，内陆箱以 45ft 为主，相应半挂车的外廓尺寸标准也是按照 45ft 进行规范，实现箱、挂、车的标准协同。欧洲标准化委员会（CEN）于 2018

年发布了《海上集装箱及相关起重设备》系列标准（EN-ISO 10855），该标准由3部分组成：第一部分是关于海上集装箱的设计、制造及标记；第二部分是关于起重设备的设计、制造及标记；第三部分是关于定期检查、审查与测试。这一系列标准规范了石油、石化和天然气行业中海上集装箱及其相关起重设备的设计、制造、检测、试验和在役检测。

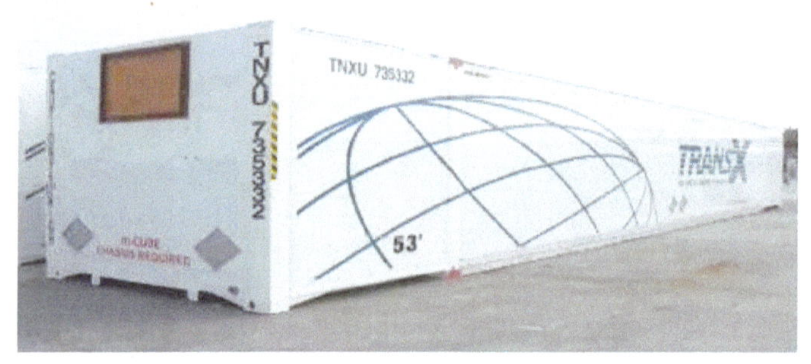

图 8-2 美国 53ft 内陆集装箱

欧洲 EN-ISO 10855 采用了国际标准 ISO 10855 系列标准。ISO 标准是把欧洲、美国等国家现有的标准整合成一个统一的协议。EN-ISO 10855 标准在欧洲的采用确保了欧洲石油和天然气行业能够满足对海上集装箱的全球统一并公认的要求。对于一个范围覆盖全球的行业来说，EN-ISO 10855 标准在互操作性、安全性和成本效率方面都具有明显优势。EN-ISO 10855 标准还确保了海上集装箱符合国际海事组织（IMO）关于其设计、制造、检测、试验和在役检测的相关要求。EN-ISO 10855 系列标准并未重复 IMOMSC//Circular860 和国际海上生命安全公约（SOLAS）在海上集装箱认证方面的要求。

2. 北美

北美地区国际多式联运服务采用的海运集装箱和世界其他地区使用的集装箱基本一致，主要有 20ft 和 40ft 的国际标准集装箱（ISO），还有少量 30ft 集装箱。近年来，45ft 国际标准集装箱用量大增，虽然比起 20ft 箱和 40ft 箱，其所占份额仍然很小。一些轮船公司也在国际标准海运集装箱上面使用 48ft × 8ft（长 × 宽）的集装箱，铁路运输也不成问题。美国很多港口把 40ft 的海运箱卸下以后，将货物装进 53ft 的内陆箱，然后进行内陆地区的长距离运输。据了解，美国已经开始使用 57ft 的内陆箱，英国已开始研究 60ft 的内陆箱，内陆箱的大型化趋势应该引起我们足够的关注。

目前，世界范围内还有不少非标准集装箱。非标准长度集装箱主要有美国海陆公司的35ft集装箱、总统轮船公司的45ft及48ft集装箱；非标准高度集装箱主要有9ft和9.5ft集装箱两种；非标准宽度集装箱主要有8.2ft宽度集装箱等。受经济效益的驱动，目前世界上20ft集装箱总重达24t的越来越多，而且普遍受到欢迎。

3. 中国集装箱标准

集装箱运输是现代物流业的发展方向，在世界范围内发展迅速。在我国，特别是改革开放来，随着运输行业的快速发展以及与国际先进运输模式的不断接轨，我国集装箱产品技术水平基本达到国际前列。

目前，我国的集装箱标准主要由全国集装箱标准化技术委员会负责制定（注：铁路、邮政快递行业内部也制定部分集装箱标准），我国已经形成集装箱标准体系并不断发展完善。交通运输部高度重视交通标准体系建设工作，为加强集装箱标准中长期规划和年度计划的科学性、系统性，交通运输部科技司组织编制了“集装箱标准体系表”，该体系表为更好地开展我国集装箱多式联运标准化工作提供了重要的指导，在标准体系表的指引下，围绕“标准制修订”这一核心任务，集装箱多式联运标准化工作全面展开，扩大了标准覆盖面，标准数量有了明显增长。

我国规范《系列1集装箱　分类、尺寸和额定质量》（GB/T 1413—2008）规定了集装箱的分类、外部与内部尺寸以及额定总质量，其中20ft以及40ft标准箱在公路以及海运方面得到了广泛的应用，铁路方面也在进行大力推广，ISO系列各型号集装箱尺寸如表8-1所示。

ISO系列各型号集装箱尺寸（国际标准）　表8-1

<table>
<tr><th rowspan="2">集装箱型号</th><th rowspan="2">公称长度（ft）</th><th colspan="3">外部尺寸（m）</th><th colspan="3">最小内部尺寸（m）</th><th colspan="2">最小门框开口尺寸（m）</th><th rowspan="2">额定总质量（kg）</th></tr>
<tr><th>长度</th><th>宽度</th><th>高度</th><th>高度</th><th>宽度</th><th>长度</th><th>高度</th><th>宽度</th></tr>
<tr><td>1EEE</td><td rowspan="2">45</td><td rowspan="2">13.716</td><td rowspan="2">2.438</td><td>2.896</td><td>2.655</td><td rowspan="2">2.330</td><td rowspan="2">13.542</td><td>2.566</td><td rowspan="2">2.286</td><td rowspan="2">30480</td></tr>
<tr><td>1EE</td><td>2.591</td><td>2.35</td><td>2.261</td></tr>
</table>

续上表

集装箱型号	公称长度（ft）	外部尺寸（m）			最小内部尺寸（m）			最小门框开口尺寸（m）		额定总质量（kg）
		长度	宽度	高度	高度	宽度	长度	高度	宽度	
1AAA	40	12. 192	2. 438	2. 896	2. 655	2. 330	11. 998	2. 566	2. 286	30480
1AA				2. 591	2. 35			2. 261		
1A				2. 438	2. 197			2. 134		
1AX				<2. 438	<2. 197	—	—	—	—	
1BBB	30	9. 125	2. 438	2. 896	2. 655	2. 330	8. 931	2. 566	2. 286	30480
1BB				2. 591	2. 35			2. 261		
1B				2. 438	2. 197			2. 134		
1BX				<2. 438	<2. 197	—	—	—	—	
1CC	20	6. 058	2. 438	2. 591	2. 35	2. 330	5. 867	2. 261	2. 286	30480
1C				2. 438	2. 197			2. 134		
1CX				<2. 438	<2. 197		—	—	—	
1D	10	2. 991	2. 438	2. 438	2. 197	2. 330	2. 802	2. 134	2. 286	10160
1DX				<2. 438	<2. 197	—	—	—	—	

在借鉴欧美的内陆标准化体系的同时，中国也在探索属于自己的集装箱标准化架构。随着中欧班列的发展，内陆运输也在发展，中国贸易的需求越来越大，GDP、物流量、内需均在不断增长，因此，应该选择我们自己的标准体系，兼顾各种需求。为此，我国在2017年形成国家标准体系，考虑到了标准尺寸、实验方法、吊具以及代码、标记等方面，目前部分国家标准［国家标准委发布国家标准《系列2集装箱分类、尺寸和额定质量》（GB/T 35201—2017），交通运输部发布两项交通运输行业标准《系列2集装箱　技术要求和试验方法　第1部分：通用货物集装箱》（JT/T 1172. 1—2017）、《系列2集装箱　吊具尺寸和起重技术要求》（JT/T 1173—2017）］已经颁布。我国内陆集装箱标准序列如表8-2所示。

我国内陆集装箱标准序列 表 8-2

序号	标准名称	颁布时间(年)
1	集装箱分类、尺寸和额定质量	2017
2	集装箱技术要求和实验方法（通用货物集装箱）	2017
3	集装箱吊具的尺寸和起重技术要求	2017
4	集装箱技术要求和实验方法（保温集装箱）	2018
5	集装箱技术要求和实验方法（罐式集装箱）	2018
6	集装箱技术要求和实验方法（无压散货集装箱）	2018
7	集装箱技术要求和实验方法（台架式集装箱）	2018
8	集装箱角件技术要求	2018
9	集装箱代码、识别和标记要求	2018
10	集装箱装卸和栓固技术要求	2018
11	集装箱堆场管理技术要求	2018

我国集装箱标准发展现状总体可以概括为“以国际标准集装箱为主，以内贸集装箱为辅”。20 世纪 90 年代后期，现代物流的多样化需求，促使集装箱规格多元化蓬勃发展。在国际标准集装箱运输发展繁荣的同时，为适应现代物流的发展需要，内贸集装箱运输也得到了蓬勃发展。我国内贸集装箱的标准还未制定，内贸集装箱标准化成为当前标准化工作主要任务之一。目前，我国已具备推广使用 45ft 内陆箱的基础条件，中国铁路总公司已研发了 45ft 的宽体箱，其完全与欧洲的内陆箱标准接轨，而且与《道路车辆外廓尺寸、轴荷及质量限值》（GB 1589—2016）的货运车型标准高度对应，近期即将发布内陆箱基础尺度标准，后续还将进一步完善以 45ft 为主体的内陆箱技术标准体系。同时，我国很多企业都在积极研发交换箱体，中邮、圆通等快递企业已经在推进交换箱体的试用。交换箱体有望随中置轴汽车列车的推广而逐渐得到更广泛的应用。

我国集装箱标准化管理工作目前存在 3 个方面的问题：一是目前我国标准化管理出现大量不适应问题，市场主体及管理部门普遍对新规认识不足、新规执行效果不佳；二是仍然存在集装箱标准融合交叉问题，需要加强顶层设计和统筹协调；三是现有标准化人才尤其国际标准化人才缺乏，专业人才培养力度不足。对此，我国集装箱标准化建设应积极弥补现有短板，准确把握安全、绿色、智能的发展方向，加强在第四次工业革命新领域及国际范围内的战略布局，利用产业优势，提高集装箱标准的国际化水平，争取早日实现我国集装箱标准化水平领跑全球的目标。

二、装卸设备

我国通过海铁联运模式运输的货物，普遍存在港口与铁路之间衔接不顺畅、装卸设备标准化程度不高、装卸作业效率低下等问题。对此，我国正积极推广应用快速转运装备技术，重点支持研发和使用大型、高效、节能环保的装卸和转运设备，减少无效搬运，提高装卸效率。装卸设备分类如表 8-3 所示。

装卸设备分类 表 8-3

装卸设备分类	设备名称	设备特点
吊装类设备	岸壁集装箱起重机	船岸之间装卸集装箱的专用设备，适用于吞吐量较大的集装箱码头，可以进行装船作业
	轮胎式集装箱龙门起重机	大型专业化集装箱堆场的专用机械，装卸标准集装箱
	轨道式集装箱龙门起重机	由电力驱动，沿轨道运行的装卸设备，根据两边门腿方向是否外伸悬臂可以分为双悬臂机型、单悬臂机型和无悬臂机型
	集装箱正面吊运机	通过改变可伸缩动臂的长度和角度，实现集装箱装卸和堆垛作业的工业搬运车辆
滚装类设备	轮式托盘	滚装上船的过程中，承载货物带轮子的托盘设备
	滚装船跳板	滚装船上调整坡度的船、岸连接通道设备，主要包括艏跳板、艉跳板、舷侧跳板 3 种
平移类设备	集装箱跨运车	用于码头前沿和堆码集装箱的专用机械，由门形跨架、起升机构、运行机构、动力设备及其他辅助设备组成，采用机械或液力传动
	集装箱叉车	用于集装箱堆场、装卸、堆码的重型叉式装卸车。可采取底部举升搬运集装箱以及顶部起吊集装箱的装卸方式
	集装箱牵引车	具有牵引力用于拖带集装箱挂车或半挂车的装备，长距离运输集装箱的专用机械

（一）装卸设备分类

海铁联运换装设备是指标准化运载单元在海运和铁运两个运输方式之间便捷换装的专用设备，包括吊装类设备（顶吊、底吊）、滚装类设备、平移类设备等3类。

1. 吊装类设备

吊装类设备指主要用于集装箱、厢式半挂车或可拆卸箱体吊装的专用设备，通过吊具上的转锁对准集装箱顶部吊运集装箱，或通过两对吊具的环抱抓手卡住半挂车或可拆卸箱体的特定位置进行吊装。吊装类设备主要可以分为门座式起重机、岸壁集装箱起重机、轮胎式集装箱龙门起重机、轨道式集装箱龙门起重机、集装箱正面吊运机等。

门座式起重机一般使用吊钩或抓斗进行装卸作业，用吊钩配上专用吊具可以进行集装箱的装卸作业。门座下方可供铁路列车和其他车辆通过。门座式龙门起重机如图8-3所示。

岸壁集装箱起重机，简称岸桥或桥吊，指安装在港口码头边，由小车行走机构、起升机构、大车行走机构、俯仰机构组成，是船岸之间装卸集装箱的专用设备，适用于吞吐量较大的集装箱码头，可以进行装船作业。岸壁集装箱起重机如图8-4所示。

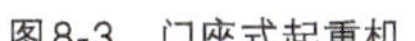
图8-3　门座式起重机

图8-4　岸壁集装箱起重机

轮胎式集装箱龙门起重机，简称轮胎吊、轮胎式箱吊，是大型专业化集装箱堆场的专用机械，装卸标准集装箱。它不仅适用于集装箱码头的堆场，同样也适用于集装箱专用堆场。轮胎式集装箱龙门起重机如图8-5所示。

轨道式集装箱龙门起重机，简称轨道门吊、轨道桥，根据用途可分为铁路车站和码头后方使用的集装箱门式起重机、码头前沿使用的集装箱门式起重机、堆场上用的集装箱门式起重机、船用集装箱门式起重机等。与轮胎式集装箱龙门起重机相比，轨道式集装箱龙门起重机有以下特点：跨度较大，可跨 14 列或者更多列集装箱；堆码层数多，最多可堆放 5 ~6 层集装箱，堆场面积利用率高，提高了堆场的堆贮能力；其机械结构简单，维修保养容易，作业可靠；机械由电力驱动，节约能源；机械沿轨道运行，灵活性差，作业范围受限制。因此，这类设备适用于堆场面积有限和吞吐量较大的集装箱专用码头。轨道式集装箱龙门起重机如图 8-6 所示。

图8-5　轮胎式集装箱龙门起重机

图 8-6　轨道式集装箱龙门起重机

集装箱正面吊运机，简称正面吊，是通过改变可伸缩动臂的长度和角度，实现集装箱装卸和堆垛作业的工业搬运车辆。集装箱正面吊运机具有叉车和汽车吊的双重功能，具有自重轻、视野好、机动性强、操作方便、设备投资小、堆码层数高、作业幅度大、场地利用率高等特点。主要用于集装箱码头、铁路中转站、公路中间站以及集装箱货场的堆垛作业，以及码头前沿与堆场间的短距离搬运作业。

2. 滚装类设备

滚装类设备指主要用于集装箱、厢式半挂车或可拆卸箱体等标准运载单元滚装至专用载运机具的专用设备，主要包括轮式托盘、滚装船跳板。

轮式托盘是滚装上船的过程中用于承载货物的带轮子的托盘，规格多样，为方便搬运货物上下船舶而设计，是典型的滚装类设备。

滚装船跳板是安装在滚装船上，能调整坡度的船、岸连接通道设备，是船舶与码头之间的桥梁。根据跳板在船上布置的位置可分为艏跳板、艉跳板、舷侧跳板3种。

3. 平移类设备

平移类设备指主要用于集装箱、厢式半挂车或可拆卸箱体在不同运输方式间装卸、转移并具备较大的位移能力的专用设备。主要包括集装箱跨运车、集装箱叉车和集装箱牵引车。

集装箱跨运车是用于码头前沿和堆码集装箱的专用机械，由门形跨架、起升机构、运行机构、动力设备及其他辅助设备组成，采用机械或液力传动。目前，我国集装箱跨运车应用广泛，主要用于集装箱平移，具有门形跨架。门形跨架分为前跨架和后车架两部分。前跨架一般采用管形结构，由4根管形纵梁和4根或6根管形立柱焊成左右两片，前跨架为起升机构提升架的支承和导轨，其作用与叉式装卸车的外门架相似。后车架为箱形结构，作为动力设备以及其他辅助设备的主承。前跨架和后车架焊成一体，即门形跨架。集装箱跨运车如图8-7所示。

图8-7　集装箱跨运车

集装箱叉车指用于集装箱堆场、装卸、堆码的重型叉式装卸车，可以用货叉插入集装箱底部插槽内举升、搬运集装箱，也可在门架上装设一个顶吊架，借助旋锁件与集装箱连接，从顶部起吊。集装箱叉车分为集装箱正面叉车和集装箱侧面叉车两种。集装箱叉车是一种常见货场装卸机械。为满足集装箱装卸作业的要求，集装箱叉车的性能特点是：一是起重量与各种箱型的最大总重量一致；二是载荷中心距取集装箱宽度的1/2；三是起升高度按堆码集装箱的层数来确定；四是为改善操作视线，将驾驶员室位置升高，并装设在车体一侧；五是为适应装集装箱的需要，除采用标准货叉外，还备有顶部起吊或侧部起吊的专用属具；六是为便于对准箱位和箱底的叉槽，整个货架具有侧移（约 100mm）的能力，货叉也可沿货架左右移动，以调整货叉之间的距离。

集装箱牵引车俗称拖车，指具有牵引力，用于拖带集装箱挂车或半挂车的装备，是长距离运输集装箱的专用机械。集装箱牵引车具有牵引装置、行驶装置，但自身不能载运货物，其内燃机和底盘的布置与普通牵引车大体相同，只是集装箱牵引车前后车轮均装有行走制动器，车架后部装有连接挂车的牵引鞍座。它主要用于港口码头、铁路货场与集装箱堆场之间的运输，按驾驶室的形式分为平头式和长头式，按拖带挂车方式可分为半拖挂方式和全拖挂方式，按用途可分为公路运输用和货场运输用牵引车。

（二）海铁联运换装设备的选择

海铁联运的转运换装设备主要有岸桥、集装箱运输车辆、轨道式集装箱龙门起重机等。海铁联运站场需要进行大量的集装箱和货物的装卸搬运作业，因此，正确地选择装卸搬运机械、确定合理的装卸工艺、有效地组织装卸作业，是海铁联运站场生产建设中要解决的重要问题。装卸搬运机械的配备，一方面要选择新型、高效、适用于作业要求的装卸机械，另一方面也应该在装卸作业过程中尽量减少机械的无效操作次数和时间，力求使各装卸工艺系统的各个作业环节协调配合，以提高机械的使用效率和利用率。

海铁联运站场主箱场的装卸机械类型及其配置数量，应该根据站场的年运量、装卸作业量及作业强度、主要的集疏运方式、箱场平面布置等多种因素综合考虑确定。经过技术指标和经济性比较确定。对于拥有大批量到发及中转集装箱的大规模站场而言，选择门式起重机作为主要装卸机械，并选择相应的装卸工艺方案，具有比较令人满意的经济合理性。铁路现有大型集装箱站的装卸机械也多以龙门起重机为主。

根据车站的实际情况，主要装卸机械还可以选用门式起重机、集装箱正面吊运机或其他大型装卸机械。

轨道式集装箱龙门起重机优点是：适用于有大量的集中箱存放的站场；在运量相等的时候，占地面积比较少，箱区铺面要求比较低，简单易操作，维护与保养比较便利；跨下区域内的作业效率比较高，成本低并且具有较长的寿命，能够实现自动化发展。缺点是：集装箱的作业次数到达1次的时候，原本具有的储箱能力大的优势也消失；跨区作业缺乏灵活性，尤其是当轨道式集装箱龙门起重机发生故障时，就会影响其他相邻轨道式集装箱龙门起重机的作业，使得整列的装卸作业出现问题。在集装箱场地相对狭窄的时候应该首先选择轨道式集装箱龙门起重机，可以节约用地资源。

集装箱正面吊运机优点是：集装箱在站作业次数较少或者是流动性较大，能够运用在装卸区域堆箱场中作业的时候，其灵活性使其能够运用在作业量大、时间紧迫以及群机作业的场合；它能够不断地实现跨箱作业，液压元件比较可靠并且技术比较完善，也拥有较好的视野；价格适中。缺点是：动力是内燃机，对操作、维修的要求比较高，噪声比较大，并且容易对空气产生污染。装卸的成本比较高，拥有较短的使用寿命；使用要求比较多，需要宽敞的作业通道并且重箱区的铺面要求比较高，场地利用效率比较低。在集装箱场地相对宽敞、铁路到发线比较多的时候，应该优先选择集装箱正面吊运机，发挥其作业的灵活性。集装箱正面吊运机在其技术经济和装卸工艺方面存在许多优点，已经成为集装箱装卸机械的更新换代产品。但国产集装箱正面吊运机的安全质量系数比较低，而进口机械的购置费用太高，目前国内只有一些特大型或大型集装箱车站引进使用。

海铁联运站场的辅助箱场的装卸搬运机械适宜选用集装箱正面吊运机、空箱叉车或空箱堆垛机共同作业。

实现集装箱在站内的水平移动，如站内门式起重机、集装箱正面吊运机作业区与集装箱堆场或拼装箱场之间的集装箱短途运输，以及提供站外门到门集装箱接取送达服务的运输机械适宜采用集装箱牵引拖挂车。但由于车站需要配备足够数量的用于周转的半挂车，场地占用面积比较大，因此，这种机械配置方案不适合集装箱运量及装卸作业量比较大的站场，而比较适用于规模不大的内陆中转站或小型结点站。

（三）海铁联运换装设备技术标准

快速转运设备在我国已经形成了相对成熟的应用市场，尤其是用于港口码头和铁路集装箱中心站的集装箱转运设备，都已经形成一系列的技术标准规范，见表8-4。

我国正在使用中的快速换装设备标准　　表 8-4

序号	标准号	标准名称	宜定级别	实施日期	国际国外标准号及采用关系	备注
1	JT/T 566—2004	轨道式集装箱门式起重机安全规程		2004/9/1		本标准给出了轨道式集装箱门式起重机(以下简称起重机)在设计、制造、安装试验、使用保养、维修与检验等方面的安全技术要求。本标准适用于装卸符合《系列 1 集装箱　分类、尺寸和额定质量》(GB/T 1413)的 A、C 型国际集装箱的起重机
2	GB/T 21920—2008	岸边集装箱起重机安全规程		2008/12/1		本标准给出了岸边集装箱起重机(以下简称起重机)在设计、制造、安装与试验、使用与保养、检验与维修等方面的安全技术要求。本标准适用于装卸符合《系列 1 集装箱　分类、尺寸和额定质量》(GB/T 1413)的标准国际集装箱的起重机
3	GB/T 19912—2005	轮胎式集装箱门式起重机安全规程		2006/4/1		本标准给出了轮胎式集装箱门式起重机(以下简称起重机)在设计、制造、安装试验、使用保养、维修与检验等方面的安全技术要求。本标准适用于装卸符合《系列 1 集装箱　分类、尺寸和额定质量》(GB/T 1413)规定的 1AA、1A、1CC、1C 型国际集装箱的起重机
4	GB/T 16905—1997	集装箱正面吊运起重机试验方法		1998/2/1		本标准给出了集装箱正面吊运起重机的试验方法。本标准适用于装卸 20ft 及大于 20ft 集装箱的正面吊运机

续上表

序号	标准号	标准名称	宜定级别	实施日期	国际国外标准号及采用关系	备注
5	GB/T 17992—2008	集装箱正面吊运起重机安全规程		2008/12/1		本标准给出了集装箱正面吊运起重机设计、制造、安装、使用与保养、检验与维修等方面的安全技术要求。本标准适用于起重量不小于24000kg的正面吊运机，起重量小于24000kg的正面吊运机亦可参照使用
6	GB/T 3220—2011	集装箱吊具		2012/3/1		本标准给出了集装箱吊具分类、型号、尺寸、技术要求、试验方法、检验规则、标志与运输。适用于固定式和伸缩式单箱集装箱吊具，其他类型集装箱吊具(以下简称吊具)可参照使用
7	GB/T 26945—2011	集装箱空箱堆高机		2012/2/1		本标准给出了集装箱空箱堆高机的要求、试验方法、检验规则与标志、包装、运输和储存
8	GB/T 13561. 3—2009	港口连续装卸设备安全规程第3部分：带式输送机、埋刮板输送机和斗式提升机		2009/11/1		本标准给出了港口带式输送机、埋刮板输送机和斗式提升机在设计、制造、使用、保养和维修及报废等方面的安全要求。本标准适用于港口装卸、粮仓储运的带式输送机、埋刮板输送机、斗式提升机
9	GB/T 28399—2012	商品车辆滚装专用码头滚装作业安全操作规程		2012/10/1		本标准给出了商品车辆滚装专用码头滚装作业安全操作规程，包括车辆的操作、绑扎和拆绑扎、信号员的指挥等作业的安全作业技术要求。本标准适用于商品车辆(以下简称车辆)滚装专用码头滚装作业

续上表

序号	标准号	标准名称	宜定级别	实施日期	国际国外标准号及采用关系	备注
10	GB/T 14655—1993	滚装船与岸联接的基本规定		1994/7/1	ISO 6812:1983	本标准给出了滚装船与岸端联接的主要设计尺寸和基本要求。本标准适用于接纳带艏艉直跳板的滚装船的滚装码头。本标准不适用于接纳火车渡轮、无自带跳板船舶等专用码头
11	YZ/T 0111—2005	托盘式、交叉带式包件分拣机	YZ/T	2005		本标准给出了托盘式、交叉带式包件分拣机的分类、型号和代码，设备组成，主要结构参数，技术要求，试验方法，检验规则以及标志、包装、运输和储存等。本标准适用于托盘式、交叉带式包件分拣机设计、制造、检验、使用与维护
12	YZ/T 0112—2005	自动识别视频补码信函分拣机	YZ/T	2005		本标准给出了信函分拣机测试卡片（以下简称测试卡片）的分类和规格、技术要求、试验方法、检验规则以及包装、标志、储存
13	TB 2108—1989	集装箱吊具技术条件		2003/6/1		本标准给出了10t集装箱吊具的技术要求和试验方法。本标准适用于装卸铁路10t集装箱用的无动力吊具。凡新设计和制造的吊具均应符合本标准
14	TB/T 2689. 2—1996	铁路货物集装化运输通用要求		1996/11/10		本标准给出了铁路货物集装化运输的通用要求。通过铁路运输的集装货件及货物的集装方式、集装器具应符合本标准

各项技术标准分别对现有的多式联运快速转运装备的技术规格、安全要求、操作规程等做出了明确规定，基本可以覆盖我国现有集装箱多式联运的各个转运环节。然而，由于目前我国半挂车铁路驮背运输、内贸集装箱多式联运、可拆卸箱体多式联运领域基本为空白，针对多式联运内贸集装箱、厢式半挂车以及可拆卸箱体的快速转运设备还未得到应用。新兴快速转运设备的标准还未建立，因为这些设备的技术标准很大程度上取决于新兴标准化运载单元的技术标准。

第二节 装卸设备配置

一、配置原则

港站装卸机械的配置要根据装卸企业自身条件和港站发展趋势配备最合适的机械设备。既要满足装卸需要，又要兼顾经济性，因此，装卸机械设备的配备需要遵循以下原则。

1. 系统性

在进行集装箱码头的装卸设备配置时，应将整个海铁联运作业看作一个系统，各个设备之间不是独立的，是存在紧密的协调与配合的。不仅要求装卸设备与整个作业系统相适应，各装卸设备之间相匹配，而且要求全面、系统地分析装卸设备单机的性能，全面综合地考虑一定设施环境下的设备配置问题。

2. 适用性

海铁联运站场的装卸设备配置要与码头目前生产作业的需要和发展规划相适应，应符合集装箱的作业特点，能够适应不同工作条件。配备合适的装卸设备，既要满足装卸需要，又要防止过度浪费，尽量使设备作业能力与其作业量相匹配。

3. 前瞻性

在进行海铁联运站场的装卸设备配置时，需要考虑设备能力是否能够适应站场未来发展的需要，为站场配置的装卸设备作业能力保留有一些余地，尽量避免频繁的多次投资给站场带来不必要的损失。

4. 稳定性

稳定性主要包括可靠性和安全性。在进行装卸设备配置时，要尽量选择可靠性较高的设备，以此来减少或避免因发生故障而造成的停机损失与维修费用支出。同时，安全性也很重要，高安全性的设施设备可以提高在使用过程中保证人身和货物安全以及环境免遭危害的能力。

5. 经济性

进行装卸设备配置时，应当选用寿命周期内总费用低、综合效益高的设备。综合考虑装卸设备在购置和运营时涉及的所有成本，处理好各种成本间可能存在的效益悖反关系，保证合理性的同时尽量选择成本较低的设备配置方案。

6. 高效性

高效性是针对装卸设备的调度方案来说的，指追求效率的最大化，进行合理的调度，充分发挥装卸设备的生产能力，减少不必要的设备投入。

二、影响因素

港站海铁联运装卸机械设备配备量主要受基础设施及设备、市场和管理3大类因素的影响，主要包括铁路装卸区、港站规划及吞吐量、装卸调度、码头技术条件、堆场区和道路的技术条件、人-机成本和管理操作水平等因素。这些因素对港站海铁联运装卸机械设备的配备都有较为直接影响，如图8-8所示。

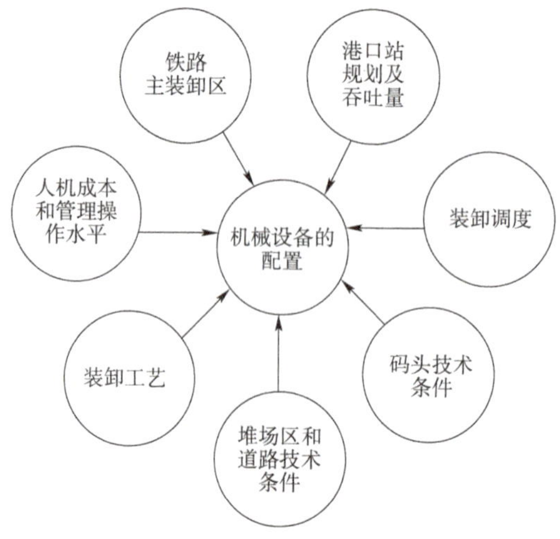

图8-8 装卸中转设备配置影响因素

（一）铁路装卸区

铁路装卸区的布置限制了轨道式起重机的选型，装卸区的地面承载能力、装卸线束宽度对轨道式集装箱龙门起重机的轨距、跨距、轮压都有要求，装卸线的有效长度对轨道式集装箱龙门起重机的配置数量有直接影响。由此看来，铁路装卸区的技术条件是影响轨道式起重机配备的重要因素。另外，铁路装卸区的布置位置影响了港口装卸路径的选择，若铁路装卸线伸入码头前沿，则可实现车船直取，若铁路装卸线未伸入码头，则需要借助集装箱运输车辆转运。

（二）港站规划及吞吐量

港站规划包括现阶段规划及远景发展规划，是港口机械设备配置的基础，港站的吞吐量是装卸设备的选型和数量配备的重要因素。因此，在投资规划期需要对港站的吞吐量，以及集装箱的流向比例进行分析预测，在港站运营期仍需要对港站的实际吞吐量进行统计，按需要对港站的设备进行调配，以满足装卸需要。

（三）装卸调度

科学、合理的装卸调度可以使装卸设备高效率地完成装卸任务，降低装卸设备的投资。因此，装卸调度方案对港站装卸设备的配置有十分重要的作用。

（四）码头技术条件

码头前沿泊位长度及水深直接影响了船型及装载量，码头技术条件直接限制了集装箱岸桥的跨距、轮压、腿压、外伸距等，码头岸线长度直接影响了集装箱岸桥的数量配置。因此，码头技术条件是影响岸桥选型和数量配置的重要因素。

（五）堆场区和道路的技术条件

堆场区的技术条件决定了堆场区装卸机械的选型和数量配置，道路结构和走行距离决定了水平运输设备的选型和数量配置。

（六）装卸工艺

装卸工艺过程的实现需要以相应的工艺设备为依托，不同的装卸工艺选择决定了不同的港口集装箱操作系数，操作系数越低的港口，直接换装比例越高，所消耗的劳动量就越小，对应的装卸机械资源需求就越小，装卸成本就越低。因此，装卸工艺是影响港口机械设备配备量的重要因素。

（七）人-机成本和管理操作因素

人的成本主要包括工资、福利等，装卸设备的主要包括设备的购置、使用燃料及电力的费用和维修费用等，这些费用的构成也直接影响了装卸机械的选型和配置。装卸工人和装卸驾驶员对机械设备的正确操作和科学管理对港口机械设备的配备量和保有量有直接或间接的影响。

三、模式

海铁联运站场不同的布局形式对应着不同的作业模式，下面对 4 种主要的作业模式做介绍。

（一）“船舶-列车”作业模式

该作业模式也就是通常所说的“车船直取”作业模式，指在进行海上运输和铁路运输的衔接时，在港口不经过堆存作业，实现集装箱的不落地换装。根据布局形式的不同，该作业模式可以分为两种。

第一种是在“前沿式”布局形式下的车船直取模式。不需要轨道吊和集装箱运输车辆，由岸桥进行集装箱在船舶和列车之间的换装作业。

第二种是在“后方式”布局形式下的车船直取模式。需要集装箱运输车辆完成船舶和列车之间的水平运输，岸桥、集装箱运输车辆、轨道吊协同配合完成集装箱在船舶和列车之间的换装作业。

（二）“船舶-铁路主箱场-列车”作业模式

该作业模式指在进行海上运输和铁路运输的衔接时需要利用堆场做一个过渡。从船舶上卸载的集装箱和从列车上卸载的集装箱需要在铁路主箱场堆存。“后方式”布局形式和“远方式”布局形式下，均可以开展该种作业模式。

（三）“船舶-码头堆场-列车”作业模式

该作业模式与“船舶-铁路主箱场-列车”作业模式类似，不同的是，过渡堆场变成了码头堆场，并且增加了装卸设备种类。该作业模式同样也都适合“后方式”布局形式和“远方式”布局形式。与“船舶-铁路主箱场-列车”作业模式相比较，该种作业模式集装箱的堆存时间要更久，涉及的装卸设备种类更多，堆存成本和装卸成本要更高。

（四）“船舶-码头堆场-铁路主箱场-列车”

该作业模式指在进行海上运输和铁路运输的衔接时需要利用堆场做两次过渡。从船舶上卸载的集装箱和从列车上卸载的集装箱需要在码头堆场和铁路主箱场均进行堆存。“后方式”布局形式和“远方式”布局形式下，均可以开展该种作业模式。该种作业模式有两次堆存环节，装卸作业次数变多，作业成本较高。

四、配置方法

通过建模的方式，模型考虑设施条件、自然条件、市场条件、运营管理、作业成本等因素，实现对海铁联运站场作业模式的配置研究。本书以“船舶-列车”作业模式，也就是“车船直取”作业模式为例，介绍配置方法。

（一）模型选取

一般建立模型时，选取一个目标不能实现系统最优的效果，港站海铁联运集装箱装卸系统是一个复杂的动态作业系统，追求一个目标只能实现系统局部的优化，因此，本指南以多目标决策问题为理论基础，对港站装卸设备数量配置进行建模。

1. 多目标决策问题简介

多目标决策问题主要指多目标最优化，多目标最优化的思想萌芽于1776年经济学中的效用理论。1896年，法国经济学家V. 帕累托首先在经济理论的研究中提出了多目标最优化问题。1951年，美国数理经济学家T. C. 库潘斯在生产和分配的活动分析中考虑了多目标决策问题，并首次提出了多目标最优化问题解的概念，将其命名为“帕累托解”（即有效解）。同年，H. W. 库恩和A. W. 塔克从数学规划论角度首次提出向量极值问题及有关概念。进入20世纪70年代，随着第一次国际多目标决策研讨会的召开及这方面专著的问世，多目标决策问题的研究工作迅速开展起来，到目前为止，已取得了若干有价值的研究成果。多目标决策问题中，目标之间往往不协调，甚至相互矛盾，本书探讨的港站装卸机械设备配备问题就是从经济和时间角度确定设备数量协调的最优化问题。但其从本质上来说，都是为港口装卸企业购置合理数量机械服务的。

2. 多目标决策问题的一般形式

（1）向量数学规划形式（VMP）：

$$VMP=\begin{cases}V-\min\ [f_1\ (X)+f_2\ (X)+\cdots+f_n\ (X)]\\ g_i\ (X)\geqslant 0\quad i=1,\ 2,\ 3,\ \cdots m\end{cases}\tag{8-1}$$

（2）分层多目标规划形式（LMP）：

$$LMP=\begin{cases}L-\min\ \{P_1\ [f_1\ (X)],\ P_2\ [f_2\ (X),\ f_3\ (X)]\}\\ g_i\ (X)\geqslant 0\quad i=1,\ 2,\ 3,\ \cdots m\end{cases}\tag{8-2}$$

其中 P_1、P_2 为优先层次记号：

绝对最优解：对于任意 $X\in R$ 均有 $F(X)\geqslant F\ (\overline{X})$，称 $\overline{X}$ 为问题的绝对最优解。

非劣解（有效解）：$X\in R$，若不存在 $\overline{X}\in R$ 使得 $F\ (X)\leqslant F(\overline{X})$，称 X 为问题的非劣解（也称有效解）。

弱有效解：若不存在 $X\in R$，有 $F\ (X)<F(\overline{X})$ 称 $\overline{X}$ 为问题的弱有效解。

求解多目标最优化模型，要根据问题的特点和决策者的意图，选择适当的解法，求得模型的有效解或弱有效解。在实际问题中，几个目标的量纲往往是不同的，所以需要事先把 $\overline{f}_i(X)$（$i=1,\ 2,\ \cdots,\ n$）每个目标规范化，然后再进行数学上的处理，比如，可以把带量纲的目标进行如下处理，令 $\overline{f}_i(X)=\dfrac{\overline{f}_i\ (X)}{\overline{f}_i}$，其中 $\overline{f}_i=\left|\min\limits_{X\in R}\overline{f}_i(X)\right|$

（二）模式分析

正常的进口货物的过程包括船舶抵港后先将所载货物卸至前沿码头，再搬移到堆场，待海关舱单确认、通关放行后再装卸列车或取货等环节，全过程时间较长。在我国“铁、水”车船直取模式下，当铁路专用线铺设在码头前沿时，由岸桥完成列车和船舶之间的换装作业，当铁路专用线距码头有一定的距离时，由转运设备配合岸桥完成船舶和列车之间的换装作业，这里的转运设备指既可以完成垂直装卸又可以完成水平运输的设备。在整个装卸作业过程中，集装箱货物不经过堆场作业。

由于目前港口装卸作业组织等相关技术条件有限，同时集装箱货物具有不均衡性，因此船舶和集装箱列车到达港口的时间和装卸计划不一致，易出现诸如船舶等待列车或列车等待船舶的现象，延长了船舶、列车的在港逗留时间，导致整体装卸效率不高，违背了海铁联运集装箱装卸作业高效化的原则。因此，现阶段“铁、水”车船直取模式在我国并未被普遍采用。但对于冷冻水产品来说，存放场地要求特殊，提货时间紧张，可在船舶抵达前先行舱单确认，进口货物不经过码头和堆场，通关放行后直接转运。

“铁、水”车船直取模式减少了装卸环节和装卸机械设备的种类，同时节省了堆场资源。不论是初期设备投资管理还是运营阶段的设备管理都十分简单，其优越性决定了这种模式仍然是我国海铁联运模式的发展方向。因此，研究此种模式的装卸设备配置仍然具有一定的意义。

在这种模式下，船舶到达港口后，当码头泊位无空闲，或泊位条件不满足到达船型时，到达船舶必须在锚地排队等待，即产生船舶排队时间。排队时间主要由泊位的数量和装卸机械设备的缺乏产生，根据列车、船舶到港特征，排队时间可利用排队论求出，船舶在港排队时间内损失的费用称为排队时间成本，这部分损失由船方公司承担，船舶排队单位时间成本可以根据船方公司的相关资料进行统计得到。当有船舶装船完毕离开港口时，若泊位条件满足到达船舶停靠条件，则排队船舶可停泊进行装卸。铁路专用线延伸至码头前沿或与码头有一定距离两种情况下，都需要岸桥进行装卸。需要转运设备配合岸桥完成列车与船舶之间的换装作业时，使转运设备满足岸桥的单位台时产量即可，可以使用的转运设备有跨运车和集装箱正面吊运机。装卸桥属于大型装卸设备，初期投资巨大，单位投资成本较高，因此，要确定该模式下岸桥的合理量可以从两个方面考虑，一是从经济的角度使港口装卸机械的运营成本最低；二是从时间的角度使船舶在港排队时间最短。下面以岸桥作为主要讨论对象，追求的目标是：使岸桥在完成港口作业任务的前提下运营成本最低、船舶排队时间最少。为了方便建模和计算，这里对相关问题做如下假设：

(1) 假设铁路装卸作业线延伸至码头前沿，装卸桥可直接在船舶和列车之间进行换装作业。

(2) 假设码头装卸公司是专门的集装箱装卸公司，其办理的货物对象只有集装箱，装卸公司施行全天营业制。

(3) 假设泊位条件均能满足到达船型的要求，即可以实现有空闲泊位时，待卸船舶即可进行装卸作业。

(4) 假设每个岸桥的固定成本和单位时间变动成本一致，每次装卸一个集装箱。

(5) 岸桥分配采用柔性分配法，即每个泊位分配有固定数量的岸桥，某泊位在装卸作业时，可以调用其相邻空闲泊位的岸桥，当空闲泊位有船舶靠泊时，被调用的岸桥返回原泊位作业。

(6) 假设船舶到港排队模型近似于 $M/E_k/c/\infty/m$ 模型。该模型表示船舶到港流服从泊松流，在港接受服务时间服从七阶。

(三) 目标函数

根据前面的问题分析，在“铁、水”车船直取模式下，岸桥数量配置模型所要达到的目标是使岸桥在完成港口作业任务的前提下运营成本最低、船舶排队时间成本最少。

因此该问题属于多目标规划理论问题，目标函数为岸桥运营成本函数和船舶排队时间成本函数。考虑的约束条件有泊位有效长度、机械设备自身作业宽度、港口年装卸作业任务量等。

1. 符号定义

Z_1：船舶在港排队时间成本（万元）。

Z_2：岸桥运营成本（万元）。

C_g：岸桥设备单位时间成本（万元）。

C_b：岸桥设备固定成本（万元）。

C：船舶排队单位时间成本（万元）。

X_q：岸桥设备数量（台）。

T_q：每台岸桥作业台时/年。

γ_q：岸桥空费系数。

N：岸桥设备使用年限。

K：年基本折旧率。

t：设备台时。

Q：港口吞吐量（TEU）。

G：船舶平均装卸量（TEU）。

g：平均装卸箱率。

P_q：岸桥台时产量（TEU）。

α：船舶平均作业线数量。

β：每个泊位的固定岸桥数量（台）。

λ：船舶日平均到达率。

μ：每天卸载船量。

W：船舶排队时间。

c：泊位数量。

s：岸桥作业时左右安全距离。

L：码头泊位有效长度。

w：岸桥最大宽度。

k：装卸作业时间服从的爱尔朗分布的阶数。

2. 船舶在港排队时间成本函数分析

由于 $M/E_k/C/\infty/m$ 模型的计算还不成熟，多根据 $M/M/C/\infty/m$ 模型来推算出 $M/E_k/C/\infty/M$ 的排队时间，因此：

船舶的日平均到达率 λ 为：

$$\lambda = \frac{Q}{G \times g \times 365} \tag{8-3}$$

每天的卸载船量 μ 为：

$$\mu\ (X_q) = \frac{24}{\dfrac{G \times g}{P_q \times \alpha} + t} \times \frac{X_q}{\beta} = \frac{24P_q \times \alpha \times X_q}{G \times g \times \beta + P_q \times \alpha \times t \times \beta} \tag{8-4}$$

船舶的排队时间 W 为：

$$W(X_q)=\frac{\mu\left(\frac{\lambda}{\mu}\right)^c\times P_0}{(c-1)!\ (c\mu-\lambda)^2} \tag{8-5}$$

其中：

$$P_0=\left[\sum_{i=0}^{c-1}\frac{\left(\frac{\lambda}{\mu}\right)^i}{i!}+\frac{\left(\frac{\lambda}{\mu}\right)^c}{c!}\times\frac{c\mu}{(c\mu-\lambda)}\right]^{-1} \tag{8-6}$$

故根据经验公式，排队等待时间为：

$$W_q(X_q)=\frac{k+1}{2k}\times W(X_q) \tag{8-7}$$

Z_1 表示船舶在港排队时间成本，由日均到达船舶数量与船舶等待日均成本及排队时间共同决定，船舶在港排队时间成本函数是一个含有装卸桥数量 X_q 的函数。

$$\min Z_1(X_q)=\lambda\times C\times W_q(X_q) \tag{8-8}$$

3. 岸桥运营成本函数

设备运营成本按照是否随装卸作业量变化分成两部分：一部分是固定成本，固定成本指设备折旧成本、大修理基金及人工费用；另一部分是变动成本，变动成本包括燃料费、维修费、保养费等费用。固定成本和单位时间变动成本的计算已在前面部分进行了介绍。设备运营成本函数以岸桥的台数为决策变量，将固定成本和变动成本相加得到运营成本：

$$\min Z_2(X_q)=C_g\times X_q+C_b\times X_q\times T_q \tag{8-9}$$

4. 约束条件

（1）码头技术条件限制：泊位的有效长度和装卸桥自身宽度的限制，以及要求实际分配的装卸桥数量不超过港站装卸桥数量。w 为装卸桥最大宽度（$25\leqslant w\leqslant 26$），$s$ 为装卸桥作业时左右安全距离（$s\approx 500$mm），L 为码头泊位有效长度，α 为船舶作业线数量，c 为泊位数量。

$$\alpha\times c\leqslant X_q\leqslant\frac{L}{w+s} \tag{8-10}$$

（2）装卸桥的作业量必须大于港口实际的年吞吐量，才能保证完成装卸任务。

$$P_q \times X_q \times T_q \geqslant Q \tag{8-11}$$

（3）T_q 非负，决策变量 X_q 非负且为正整数。

（四）模型构建

基于“铁、水”车船直取模式的岸桥设备配置模型以运营成本最小、船舶在港排队时间成本最小为目标，以泊位长度、装卸桥相关技术参数、装卸桥自身宽度，装卸桥的作业量大于实际的年吞吐量为约束，“铁、水”车船直取模式下的设备配置模型如下所示：

目标函数：

$$\begin{cases} \min Z_1\ (X_q) = \lambda \times C \times W_q\ (X_q) \\ \min Z_2\ (X_q) = C_g \times X_q + C_b \times X_q \times T_q \end{cases} \tag{8-12}$$

约束条件：

$$\begin{cases} \alpha \times c \leqslant X_q \leqslant \dfrac{L}{w+s} \\ P_q \times X_q \times T_q \geqslant Q \\ X_q \geqslant 0 \\ T_q \geqslant 0 \end{cases} \tag{8-13}$$

（五）模型求解

求解多目标最优化模型，要根据问题的特点和决策者的意图，选择适当解法，其方法有评价函数法、分层求解法、目标约束法。由于设备配置最终模型的两个目标函数比较简单，可以选择目标约束法求解模型。目标约束法是确定多个目标中的一个主要目标，使其他目标函数满足一定的条件即可，这样就可以将主要目标定为单目标函数，其他目标函数转化为约束条件求解。在本模型中的两个目标函数中，第一个目标函数表示船舶在港排队时间成本，在一般情况下，船舶在港排队时间成本有一定的限度，若港口因为泊位、机械等设施设备原因耽误大型集装箱船舶的船期，那么港口的信誉度会降低，船舶将选择不在该港口进行装卸作业。这里设置该限度为 φ，因此可以将该目标函数转化为小于 φ 的一个约束条件，将第二个目标函数确定为主要目标进行求解，这样就转变为一个单目标规划问题，φ 的取值根据港站经验数据求得，因此最终设备配置模型可以转变如下：

目标函数：

$$\min Z_2(X_q) = C_g \times X_q + C_b \times X_q \times T_q \tag{8-14}$$

约束条件：

$$\begin{cases} Z_1 = \lambda \times C \times W_q(X_q) \leqslant \varphi \\ \alpha \times c \leqslant X_q \leqslant \dfrac{L}{w+s} \\ P_q \times X_q \times T_q \geqslant Q \\ X_q \geqslant 0 \\ T_q \geqslant 0 \end{cases} \tag{8-15}$$

此外，X_q 为正整数。选择了相关多目标规划模型解法后可以使用多种软件辅助求解。

第三节 仓储与辅助设施设计参数

海铁联运站场所须部署的仓储与辅助设施包括装卸线、集装箱运输车辆通道、集装箱堆垛区、辅助堆存区、停车区、站内通道等。研究不同功能仓库的形状、面积、门间距、装卸平台等设计参数。海铁联运站场空间设施资源如表8-5所示。

海铁联运站场空间设施资源 表8-5

空间设施资源	所属区域	具体描述
装卸线	主装卸作业区	基础设施，供集装箱班列停靠、装卸用，其数量与铁路集装箱中心站装卸工艺和集装箱年吞吐量有关。一般设置有效长度为850mm或1050mm的2条装卸线
集装箱运输车辆通道	主装卸作业区	基础设施，供集装箱运输车辆行驶、停靠、装卸车时使用，包括集装箱运输车辆作业通道（1条）和集装箱运输车辆行驶通道（1条）两部分，常位于集装箱堆垛区与装卸线之间
集装箱堆垛区	主装卸作业区	普通重箱堆垛区域，主要位于轨道式集装箱起重机作业范围以内，靠近辅助堆存区
辅助堆存区	辅助堆存区	主要用于堆存冷藏箱、国际箱和空箱。当集装箱堆垛区空间不足时，可以考虑将集装箱堆垛区部分集装箱转堆至辅助箱区

续上表

空间设施资源	所属区域	具体描述
停车区、站内通道	服务区	装卸机械车辆的停放区域及经行通道
清洗区、维修区	服务区	用于集装箱清洗与维修
服务中心	服务区	全面、动态实时监控与管理铁路集装箱中心站整个运输调度过程，办理相关手续，保证多方信息共享
智能大门	服务区	基础设施，集装箱运输车辆管理，运用射频识别技术(RFID)、图像处理等技术实现集装箱运输车辆车牌识别、箱号自动识别、自动通放行、自动告警和拦截等功能
安检区	服务区	检测设施，保证进出集装箱安全检查

一、通用要求

仓库设施通用建设要求如下：

(1) 仓库建筑形式，可根据需要选择单层库或多层库。单层仓库可选择平库、起重机平库、立体高架库、坡地单层库等形式，多层仓库可选择垂直搬运式和盘道运输式两种形式。

(2) 仓库净空高度根据使用需求综合确定。码垛堆存的仓库净空高度一般为5.4m，使用普通货架的仓库净空高度一般为6.0m，多层库的净空高度一般为7.8m，立体高架库的仓库净空高度为8～36m，超过36m的立体高架库须进行技术安全性论证。

(3) 仓库宽度应根据场地条件和高峰时装卸车辆的泊位数量综合确定。

(4) 仓库进深应根据物品处理工艺流线和流量综合确定，单侧出入库作业不宜超过60m，双侧作业不宜超过120m。

(5) 仓库门数量应根据高峰时装卸物流量确定，$1000m^2$ 的仓库面积宜设置至少2个仓库门。

(6) 仓库门净高应比装卸设备的载货高度高出0.3m以上，一般应大于2.4m。铁路线进入的仓库，仓库门净高应大于5.4m。

(7) 仓库门净宽应比装卸设备的载货宽度增加0.6m以上，一般应大于2.1m。铁路线进入的仓库，仓库门净宽应大于5.1m。

（8）仓库内通道宽度应大于或等于装卸机械的最小转弯半径和货物集装单元的外廓尺寸两者的最大值，采用手动搬运车的仓库通道宽度一般为2～2.5m，采用3t以下小型叉车的仓库通道宽度一般为2.4～3.0m。

（9）仓库装修平台可根据需要选择直线型、锯齿型、梳子型等形式。若为人工搬运，站台宽度不小于2.5m，若为叉车搬运，站台宽度不小于3m。

二、运输中转库

中转库用于货物在中转过程中的短期存放，建设要求如下：

（1）中转、换装作业量大的甩挂运输站场，可设置具有监控、传送、分拣设备的甩挂中转库。

（2）具有铁路专用线的站场，中转库一侧设铁路装卸站台，宽度不小于13.5m；一侧或多侧设挂车装卸站台，站台高度1.3～1.4m，宽度不小于3m。

中转库面积按下式计算：

$$A_3 = \frac{Q_1 \times T_1 \times K_1 \times a_5}{f_1} \tag{8-16}$$

式中：A_3——中转库面积（m^2）；

Q_1——日均中转货物最大吞吐量（t/d）；

T_1——中转储存期（h），取0.5h～48d；

K_1——入库系数，入库系数 = 入库堆存的货物吨数/货物总吨数，取0.5～0.7；

a_5——平均每吨货物占地面积（m^2/t），取1.0～3.0m^2/t；

f_1——面积利用系数，仓库和货场利用率一般在70%左右，通常不低于60%，因此该系数一般取0.6～0.8。

三、仓储库

仓储库用于存放货主待收或待发的货物，建设要求如下：

（1）按需求，仓储库可选择建设单层库或多层库。存放外形尺寸较小、单件重量较轻货物的仓储库可采用高架库形式。多层仓储库应在中央部位设置货梯。

（2）多层仓储库除设主楼梯外，还应设置疏散楼梯。

（3）仓储库的仓储面积以日均仓储货物最大处理能力计算，计算方法如下：

$$A_4 = \frac{Q_2 \times T_2 \times K_1 \times a_6}{f_2} \tag{8-17}$$

式中：A_4——仓储库仓储面积（m^2）；

Q_2——日均仓储货物最大吞吐量（t/d）；

T_2——货物平均储存期（d），取3～5d；

a_6——平均每吨货物占地面积（m^2/t），根据仓储货物各类、堆码高度确定，对单层仓储库取1.0～2.5m^2/t，对于立体仓库取0.5～1.0m^2/t；

f_2——面积利用系数，一般取0.7～0.9。

四、零担库和集装箱拆装箱库

零担库用于零担货物临时存放，集装箱拆装箱库用于进行集装箱拆箱、装箱、拼箱、货物分拣、堆垛等作业，建设要求如下：

（1）零担库可根据需求建成一侧用于挂车装卸货作业，另一侧用于配送车辆装车作业的仓库或者装卸平台，在仓库内或者平台上对货物进行分拣。

（2）集装箱拆装箱库设计应符合《集装箱公路中转站站级划分及设备配备》（GB/T 12419）的技术要求。

五、仓储货棚

仓储货棚用于堆放不需要进库但又不宜露天存放的零担或存储货物，可根据需要建成半封闭或开放式，仓储货棚面积计算方法如下：

$$A_5 = (0.30 - 0.50) \times A_4 \tag{8-18}$$

式中：A_5——仓储货棚面积（m^2）。

六、自动化集装箱立体仓库

为提升海铁联运站场仓储管理的数字化、科学化、规范化和自动化水平，国内外已经在自动化集装箱堆场设计方面进行了一些理论研究与实践，自动化集装箱仓库也逐渐成为自动化集装箱堆场未来发展的重要动力。

由于1个40ft的集装箱尺寸大小相当于2个20ft的集装箱的大小，立体仓库的每个货格能存放1个40ft集装箱，同时也能存放2个20ft大小的集装箱，所以为了方便计算以及从仓库的存储来考虑，仅根据40ft的集装箱来设计。已知40ft的集装箱长宽高分别为12m、2.5m、2.7m，仓库参数设计如下。

（1）自动化集装箱立体仓库长度L为：

$$L=(R+Q)\times 2.5+(R+Q-1)\times a+2\times b \tag{8-19}$$

式中：R——货架列数；

Q——起升通道数；

a——每个货格的安全预留空间，取0.5m；

b——x轴方向货架离墙壁的距离，用于维修时人的通道，取2m。

（2）自动化集装箱立体仓库宽度W为：

$$W=P\times 12+2\times l+c+2d \tag{8-20}$$

式中：P——货架排数；

l——梭车轨道的宽度，取13m；

c——各货格的间距，取0.5m；

d——y轴方向货架离墙壁的距离，取0.5m。

（3）自动化集装箱立体仓库高度H为：

$$H=F\times 2.7+(0.5+0.5)\times F+e \tag{8-21}$$

式中：F——货架的层数；

e——上层预留空间，用于特殊货品的存放或器械设备的存放，取5m。

（4）回转平台。

自动化集装箱仓库较传统集装箱堆场的一大优势就在于其层数会更高，利用了上层的空间，使得相同的占地面积能存储更多的单元，同时，集装箱装卸过程的效率较传统集装箱堆场也更高，利用了上层空间，使得自动化集装箱仓库的起升机运行更远的距离，在自动化集装箱仓库的设计过程中，为使起升机运行的距离最短，将回转平台设于中间层的入口处。

则回转平台离地面的高度 H' 为：

$$H' = (2.7 + 0.5 + 0.5) \times \frac{F}{2} \tag{8-22}$$

若 F 为奇数层，则回转平台置于货架正中间层。

(5) 占地面积 S 为：

$$S = L \times W \tag{8-23}$$

第九章 对策建议

一、加强基础设施的统筹规划和建设

一是统筹完善水路、铁路、公路等运输方式基础设施规划，实现公路网、铁路网、航道网以及港口、公路场站、铁路场站的高效衔接和配套发展，强化基础设施的高效衔接。二是推动多式联运发展与城市总体规划、土地利用、产业发展、交通运输等相关规划进行衔接，促进多式联运与地方经济融合发展。三是推动既有港口引入集装箱铁路场站，新建港口直接规划集装箱铁路场站，实现铁路和港口两种运输方式的高效衔接。四是不断完善铁路网规划，加快铁路基础设施投资建设步伐，提升主要货运通道运输能力，破除限制海铁联运的瓶颈。五是在集装箱需求量较大内陆地区增加铁路集装箱内陆港建设，完善配套服务设施，配置好清关、检验、检疫等职能，减轻港口压力，加强铁路港站与货代、船公司联系。六是大力推广海铁联运先进技术设备设施应用，发展科技含量更高的装卸、短运、仓储等技术设备，提升海铁联运效率。

二、加快推动集装箱海铁联运信息化发展

一是继续修订完善多式联运信息共享标准，加快修订完善《集装箱运输电子数据交换》《集装箱电子标签技术规范》《集装箱铁水联运信息共享数据报文标准》等系列标准。二是加快推进信息交换共享，加强交通运输、海关、市场监管等部门间信息开放共享，以及主要港口企业集团与相关铁路企业间舱单、铁路货票、装卸车船等信息的交换共享，尽快推动沿海及长江干线重点集装箱铁水联运

港口实现铁水联运信息交换和共享。三是加快多式联运公共信息平台建设，依托国家交通运输物流公共信息平台，实现与铁路 95306 平台有效对接和信息共享共用，为企业提供一站式综合信息服务。

三、加快培育专业化、规模化的多式联运经营主体

一是鼓励港口、航运、铁路企业集中核心资源，以资本为纽带，通过参股、兼并、联合、合资、合作等多种形式整合资源，组建铁水联运龙头企业，积极培育具有较高服务能力和水平的多式联运经营者。二是引导企业开展运营模式创新和技术装备创新，打造长途重点货类精品班列、短途城际小运转班列等品牌产品，联合研发集装箱铁水联运专用装备。三是继续开展多式联运示范工程，鼓励骨干龙头企业在运输装备研发、多式联运单证统一、数据信息交换等方面先行先试，同时支持各地开展集装箱运输、商品车滚装运输、全程冷链运输、电商快递班列等多式联运试点示范创建。

四、构建海铁联运一体化中心

当前海铁联运牵涉的部门众多，不同部门对海铁联运的支持力度与协作能力均不同，并且受管辖范围或区域限制，难以发挥全国一盘棋发展高质量海铁联运的优势。设立一体化中心能解决一些制约发展的问题，如铁路专用线难以进港区和厂矿企业，铁路场站、无水港、仓储企业难以共享堆场资源，船企难以实现将不同箱区的集装箱在异地提还箱业务，干线枢纽港站与支线喂给港站之间定位功能错配，水公铁海之间“最后一公里”衔接时遇到操作标准不一致、数据不共享、软件不兼容等问题。设立海铁联运一体化中心，将逐步完善会加速一单制、推动无纸化业务，进一步降低我国的物流成本，提升我国企业的竞争力。

五、完善海铁联运价格形成和动态调整机制

国家和地方政府须支持海铁联运发展，以争取港口建设资金、地方政府专项债券资金、发行优质企业债、鼓励 PPP 等加大市场化融资力度的方式为“公改铁”“散改集”等内外贸海铁联运发展提供资金及政策支持。海铁联运关联企业

也制定配套政策（比如实行量价互保机制，给予双向运价下浮和操作费优惠政策），叠加、放大政策扶持效果，提高政策时效性和竞争力，形成长效机制。企业也需要在政策扶持期内通过自身在管理、业务价值链、设备改造、科研攻关、数据库等方面挖掘潜力，合力降低物流行业的单位能耗成本，使关联单位实现降本增效，提高市场竞争力和抗风险能力。

六、加强集装箱班列开行组织，强化联运产品开发

优化开行组织，一方面大力深化“零散集结、整列开行”组织模式，另一方面，全面实行“分区域日历装车、同去向同步挂运”，减少货物集结时间，压缩货物运到时限，增加班列编组辆数，实现班列开行“量”“质”并举。强化海铁联运的运力保证，在海铁联运市场培育期内，建议在铁路运输计划制订、空车来源、排空车质量等方面予以更多的改进，最大限度地保证集装箱海铁联运五定班列的顺利开行，提高车站运输效率，降低因使用敞、平车装载集装箱产生的额外运输成本。加快铁路集装箱海铁联运产品开发，以市场需求变化为前提，加强点到点直达班列、客车化管理、小编组的集装箱运输产品的开发，提高集装箱海铁联运铁路运输的时效性、稳定性。

七、营造有利海铁联运的外部环境

除硬件配套设施提升外，政府扶持、政策导向对海铁联运良好发展也有至关重要的作用。

一是从国家层面重视多式联运系统建设，将其提高到国家经济战略发展高度，创造有利于多式联运的法律和政策环境。譬如推动国家研究出台海铁联运法规，当前海铁联运的主管部门分别有不同行政主导法规，如《中华人民共和国海关法》《中华人民共和国铁路法》《中华人民共和国港口法》《中华人民共和国公路法》《国内水路运输管理条例》等，不同法规对海铁联运的解读不一致。国家虽然也出台很多多式联运政策，但还没有形成相应的法规，在海铁联运业务中的发展规划、业务协同、纠纷解决等方面均存在权威性不足的问题。二是海铁联运发展涉及交通、税务、海关等多个部委的管辖，有必要形成一个统一规划、协调

各方的组织机构，实现有效监管、协调。三是完善设备标准化工作，减小港口、铁路、公路各个环节的技术标准差异，为无缝连接打下基础。四是发展货物集装化运输，将市场上的传统货源变为集装化货源，培育集装化运输市场，扩大市场份额。五是采用以运价为导向的市场机制，促进海铁联运市场参与者积极拓展业务范围，提升集装箱海铁联运竞争力。六是推动解决铁路箱与自备箱通用与标准化问题。探索建立“以修储箱、以箱引货”融合发展模式，“还箱点”通过修箱，可以储备充足的国际公司的自备空箱，从而吸引货主主动向“还箱点”集货。同时，积极研究解决自备箱与铁路箱装载重量标准不一致等问题，逐步探索建立适应海铁联运发展趋势的运作规范。

参 考 文 献

[1] 佟欣亮. 大连港集装箱海铁联运发展对策研究[D]. 大连:大连海事大学, 2014.

[2] 张磊. 天津港集装箱海铁联运发展形势分析与对策 [J]. 港口经济, 2017, 02: 39-41.

[3] 武自然. “海铁联运”为京津冀运输提速 [EB/OL]. http://paper. ce. cn/jjrb/html/2015-01/20/content_ 229065. htm. , 2017-03-20.

[4] 叶宇旻, 尹静波. 宁波港海铁联运现状及建议 [J]. 中国水运: 下半月, 2015, 11: 98-99.

[5] 李长宏. 铁路多式联运时代已来 [EB/OL]. [2019-02-16]. https: //www. iyiou. com/p/92591. html.

[6] 索沪生. 美国海铁联运发展经验对我国的借鉴意义 [J]. 集装箱化, 2013, 24(6): 1-5.

[7] 国际公铁联运联盟组织. 国际公铁联运联盟组织 (UIRR) 网站[EB/OL]. [2019-02-17] http: //www. uirr. com/.

[8] 汪逸丰. 欧洲多式联运发展现状及举措 [EB/OL]. [2013-8-26]. http: //www. istis. sh. cn/list/list. aspx? id = 7941.

[9] 刘骐玮. 海铁联运港站运输组织研究 [D]. 北京:中国铁道科学研究院, 2020.

[10] 闫攀宇. 欧美港口集装箱海铁联运概况 [J]. 集装箱化,2007, 12: 23-26.

[11] 杨磊. 我国集装箱多式联运发展对策研究 [J]. 铁道运输与经济,2016, 38 (7): 7-10.

[12] 刘冰. 日本铁路集装箱运输发展现状及其分析[J]. 铁道运输与经济,2017, 39 (3): 90-95.

[13] 武慧荣, 朱晓宁, 钱继锋. 基于系统动力学的集装箱海铁联运运量预测研

究 [J] . 物流技术, 2012, 9: 205-207.

[14] 吴铁锋, 朱晓宁. 集装箱海铁联运发展的方案研究 [J] . 北京交通大学学报 (社会科学版), 2011, 10 (2): 27-32.

[15] 林维猛. 我国港口集装箱海铁联运发展建议[J]. 集装箱化, 2017, 28 (5): 12-16.

[16] 张国钧. 宁波舟山港集装箱海铁联运发展的对策[J]. 铁道货运, 2019, 37 (2): 11-15.

[17] 叶泫斶. 浅谈北部湾港海铁联运对国际贸易的积极作用[J]. 特区经济, 2019, 03: 104-106.

[18] 张雯. 集装箱海铁联运港口枢纽站运输组织优化研究[D]. 成都: 西南交通大学, 2014.

[19] 郝攀峰. 从国外经验看我国内陆无水港发展思路 [EB/OL] . 中国水运网, 2018-03-20.

[20] 罗凯. 沿海港口海铁联运发展与对策建议 [J] . 港口经济, 2013, 10: 9-13.

[21] 刘佳苏. 海铁联运试点工程的探究—以广州南沙港铁路为例 [J] . 现代交际, 2018, 22: 118-119.

[22] 赵贤阳. 宁波舟山港集装箱海铁联运网络评价研究[D]. 舟山: 浙江海洋大学, 2018.

[23] 谭小平. 多式联运系统对基础设施和装备发展的要求[J]. 中国远洋海运, 2017, 12: 40-43.

[24] 徐鹏. 加快发展天津港集装箱海铁联运的必要性和可行性[J]. 中国港口, 2007, 12: 19-21.

[25] 左天立. 沿海港口甩挂运输站场功能布局优化研究[D]. 大连: 大连理工大学, 2014.

[26] 吴妍. 国家物流枢纽布局和建设规划发布[J]. 福建轻纺, 2019, 2: 2-2.

[27] 许素瑕. 考虑翻箱过程的铁路集装箱装卸—转运调度优化研究[D]. 成都: 西南交通大学, 2018.

[28] 刘迪, 刘作义. 对我国铁路集装箱中心站建设的探讨[J]. 集装箱化, 2006,7:

27-29.

[29] 商春雷，王鑫．港口集装箱站场智能闸口解决方案[J]．集装箱化，2018，29（9）：19-21.

[30] 丁嵩冰．智慧港口：带动未来贸易[J]．大陆桥视野，2017，05：58-59.

[31] 李鑫，秦志鹏．铁路集装箱中心站主型机械配置研究[J]．中国设备工程，2018，20：148-150.

[32] 冯力源．集装箱港口铁水联运车船直取模式下的作业设备调度优化[D]．北京：北京交通大学，2016.

[33] 耿东耀．集装箱绿色装卸工艺与设备优化配置的研究[D]．太原：太原科技大学，2014.

[34] 唐雁,尹传忠,武中凯，等．哈尔滨集装箱中心站功能区布局优化研究[J]．铁道运输与经济，2018，40（05）：24-30.

[35] 林敦清，等. 集装箱码头装卸机械设备台数探讨[J]．上海港科技，2001，5：1-7.

[36] 李光磊．铁路集装箱中心站装卸设备配置研究[D]．北京：北京交通大学，2011.

[37] 姚瑶．港站铁水联运集装箱装卸搬运设备配置合理量研究[D]．成都：西南交通大学，2012.

[38] 李静泉．大连港装卸机械配置相关因素分析及对策研究[D]．大连：大连海事大学，2006.

[39] 张述能．铁水联运港站集装箱运输组织研究[D]．成都：西南交通大学，2013.

[40] 刘国兴．基于协同进化的多目标优化算法研究[D]．天津：天津大学，2008.

[41] 陈传诗，等．现代设备管理[M]．北京：人民交通出版社，1988：1.

[42] 于连聪．铁路集装箱运营管理浅析［J］．大陆桥视野，2020，09：36-40.

[43] 李顺．物流园区功能区块两阶段布局规划优化方法研究[D]．重庆：重庆交通大学，2019.

[44] 禚春龙．天津航空物流园区功能区布局优化及仿真研究[D]．天津：中国民航大学，2020.

[45] 张泽盛，董磊，朱丹飞．双循环战略下集装箱海铁联运高质量发展的思考[J]．中国港口，2020，10：13-15.

[46] 于洋湧，温馨．天津港集装箱海铁联运发展对策分析[J]．铁道货运，2019，37(08)：49-54.

[47] 时艳红．大连港海铁联运枢纽发展评价研究[D]．大连：大连海事大学，2019.